プリキュア15周年アニバーサリー

プリキュア コスチューム クロニクル

Costume Chronicle

Precure 15th Anniversary

監修／東映アニメーション

講談社

15th ANNIVERSARY PRECURE

2007 Yes！プリキュア5

2005 ふたりはプリキュア Max Heart

2004 ふたりはプリキュア

2006 ふたりはプリキュア Splash☆Star

2015 Go！プリンセスプリキュア

2016 魔法つかいプリキュア！

2017 キラキラ☆プリキュアアラモード

2004年2月1日の放送開始以来、
15周年を迎えたプリキュアシリーズ。
「プリキュア」というシリーズ名のもとに、
毎シリーズ新キャラクターが登場し、観る人のハートを
ときめかせながら、新しい挑戦が続いています。
プリキュアの魅力は無限大ですが、毎シリーズ登場する
プリキュアたちの服がかわいい！ のも大きな魅力の一つ。
この本では、なんてったってかわいいプリキュアたち
55人の、コスチューム、ファッションの
魅力のヒミツに迫ります！

2008 Yes！プリキュア5 Go Go！

2009 フレッシュプリキュア！

2010 ハートキャッチプリキュア！

2011 スイートプリキュア♪

2012 スマイルプリキュア！

2013 ドキドキ！プリキュア

2014 ハピネスチャージプリキュア！

2018 HUGっと！プリキュア

Anniversary

Precure 15th

Contents 目次

Precure Costume Chronicle

Precure Fashion File

かわいさの理由別♡

プリキュアファッションファイル

キュアホワイト↓24ページ

キュアブラック↓22ページ

Part01 Color 色

それぞれにテーマカラーが決まっているプリキュア。「ふたりはプリキュア」のブラックとホワイトにはじまり、ピンク、ブルー、イエロー、パープル、グリーン、レッド、その他を色別にご紹介します！

Part02 Detail ディテール

個性や性格に、その時代のトレンドがプラスされて決まるプリキュアの服。細かい部分にこそこだわりが宿っています。トップスからスカート、足もとまで、パーツやアイテム別にご紹介します！

プリキュア
ファッションファイル
Part1 色

プリキュアのキャラクター性は、イメージカラーが与える第一印象通りのこともあれば、思い切り意外性のある場合も。「ピンク＝かわいい」「ブルー＝クール」といった型にははまらないのがプリキュアの魅力！　各カラー別にみんなをチェック！

Pink
キュアブロッサム↓64ページ
キュアハート↓96ページ
キュアホイップ↓140ページ
キュアメロディ↓74ページ
キュアミラクル↓128ページ
キュアハッピー↓84ページ

Blue

キュアビューティ↓92ページ
キュアプリンセス↓110ページ
キュアダイヤモンド↓98ページ
キュアマーメイド↓120ページ
キュアマリン↓66ページ
キュアアクア↓44ページ
キュアベリー↓56ページ
キュアビート↓78ページ
キュアジェラート↓144ページ
キュアアンジュ↓156ページ

Yellow

キュアレモネード⬇40ページ
キュアサンシャイン⬇68ページ
キュアハニー⬇112ページ
キュアロゼッタ⬇100ページ
キュアミューズ⬇80ページ
キュアトゥインクル⬇122ページ
シャイニールミナス⬇26ページ
キュアパイン⬇58ページ
キュアエトワール⬇158ページ
キュアカスタード⬇142ページ
キュアピース⬇88ページ

Purple
キュアソード↓102ページ
キュアフォーチュン↓114ページ
キュアマジカル↓130ページ
キュアムーンライト↓70ページ
キュアアムール↓162ページ
キュアマカロン↓146ページ
ミルキィローズ↓46ページ
Green
キュアフェリーチェ↓132ページ
キュアマーチ↓90ページ
キュアミント↓42ページ

Red
キュアスカーレット↓124ページ
キュアパッション↓60ページ
キュアルージュ↓38ページ
キュアマシェリ↓160ページ
キュアエース↓104ページ
キュアショコラ↓148ページ
キュアパルフェ↓150ページ
キュアサニー↓86ページ
White
Orange
Rainbow
キュアイーグレット↓32ページ
キュアリズム↓76ページ

Parts

プリキュア ファッションファイル Part2 ディテール

かわいくておしゃれに見えるプリキュアのコスチュームを形作っているのは、ディテール部分のデザイン。女の子の大好きなパーツやアイテムと、戦うための服という目的を両立させる、プリキュアならではのこだわりがいっぱい！

リボン

プリキュアのコスチュームといえばまず思い浮かぶのは、かわいいリボン！ヘア・胸元・ウエスト・ブーツなど、リボンが飾られる場所は様々。形や大きさはもちろん、立体感までも細かく考え抜かれたデザインで、キャラクターにラブリーで華やかな印象をプラスしている。

羽モチーフ

袖口やヘアアクセなどに用いられている羽モチーフ。シリーズ５人共通でヘアに羽が飾られた「スマイルプリキュア！」をはじめ、キュアイーグレットやキュアアンジュなど、羽のイメージでデザインされたコスチュームも。

フリル&レース

フリルやレースがたっぷりのスカートは華やかで、見ているだけでテンションがあがるもの!「着てみたい!」と思わせるコスチュームデザインで、女児たちの心を強くつかんでいる。

パフスリーブ

多くのプリキュアに見られるパフスリーブ。ふわりと丸いシルエットがやわらかで、かわいらしい印象を与えている。その細部はキャラクターそれぞれに特徴的で、肩からのシルエットや袖口のデザインは、バラエティに富んでいる。

Skirt

バルーンスカート

風船のように丸くふくらんだシルエットのバルーンスカートは、愛らしく、しかも脚が細く長く見える効果アリ！　ふんわりしたボリューム感で、おしゃれっぽいイメージをプラスする役割も。

長め丈

ミニ丈のスカートが主流のプリキュアコスチュームの中で、ロングドレスは後から登場する戦士に多く見られ、大人っぽくて高貴な印象を与える。ロングドレスで技を繰り出す「Go！プリンセスプリキュア」のコスチュームは、「着てみたい！」コスチュームとしての人気も高い。

Hair

変身前から劇的に変化するヘアスタイル。その変化の過程は見応えたっぷり！ヘアアクセも必見！

ツインテール

ポニーテール

スーパーロング

ショート

Tops

ジャケット／ベスト

“鼓笛隊”や“スクールガール”のイメージでデザインされたシリーズに登場するのがカッチリした印象のジャケット&ベスト。チーム感たっぷりのお揃いコスチューム。

レースアップ

中世の貴族のドレスを思わせる編み上げが、ポイントで使われているトップス。フリルやリボンとの相性も良く、さりげなくおしゃれ感を演出。

肩見せ

初期には見られなかった肩見せスタイル。プリキュアの戦い方や動きの多様化にともなって、肩まわりのデザインも様々に変化している。

へそ出し

“大人っぽい”または“活発”なイメージのへそ出しデザイン。より動きやすく、戦いやすいという利点もあるそう。

Footwear

ブーツカバー

カバーの先にもフリルがあしらわれ、戦闘時に大地を踏みしめる足元をガーリーに彩っている。

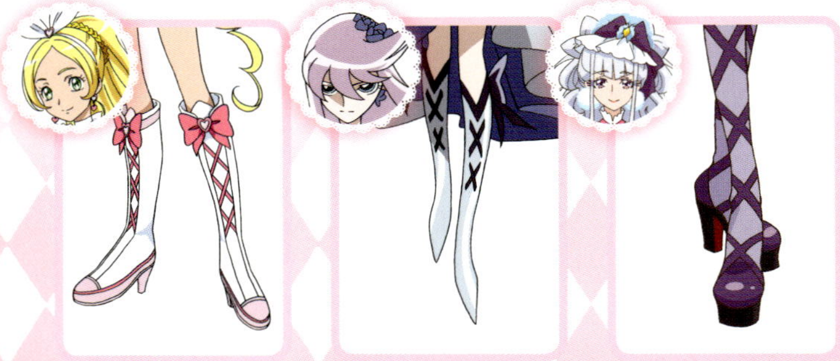

編み上げデザイン

ロングブーツやソックスにかわいい編み上げが華を添えて、コーデのおしゃれ度アップ！

ショートブーツ

折り返したり、ニーハイソックスを合わせたり、デザインとアレンジは様々。

ニーハイブーツ

すらっと長い脚が強調されて、スタイルが良く大人っぽい印象に。

Accessories

アームカバー

手の甲まで隠れるアームカバーは、戦う時の防具としての役割も兼ね備える。

グローブ

グローブは、コスチュームをドレッシーに見せ、ときにはパワフルな印象も与える。色や長さにも細かく気を配ったデザインが素敵。

ブレスレット

シンプルなバングルからボリューミーなタイプまで様々で、手首を華やかに彩っている。

チョーカー

首元を飾るチョーカーは、激しく動いても邪魔にならないタイトなシルエット。

ミュージアム

プリキュア55人のファッションの魅力を、キャラクターデザイナーやプロデューサーに取材。東映アニメーション総合監修のもと、それぞれのキャラクターデザインの生み出された背景や理由、裏話、こだわりのポイントに迫ります！

2004-2005

ふたりはプリキュア

キャラクターデザイン：稲上 晃

スポーツ万能で人気者の美墨なぎさ、勉強が得意で成績は常にトップクラスの雪城ほのかが
妖精メップルとミップルに出会い、伝説の戦士・プリキュアに変身する能力を与えられた。
趣味も性格も違うふたりが手を取り合って協力し、メップルたちの故郷である
「光の園」を襲撃するドツクゾーンから送り込まれる邪悪な敵に立ち向かう。
普通の女の子だった生活が、ぶっちゃけありえないほど変わっていく！

2005-2006

ふたりはプリキュア Max Heart

キャラクターデザイン：稲上 晃

ドツクゾーンとの戦いを終え、なぎさとほのかは普通の女の子に戻り、3年生に進級。
「光の園」ではジャアクキングとの戦いで傷ついたクイーンが分裂し、どこかへ消えてしまっていた。
一方、なぎさとほのかのもとにザケンナーが再び現れ、ふたりはプリキュアに変身。
パワーアップしたキュアブラックとキュアホワイトに、
不思議な少女・九条ひかりもシャイニールミナスとなって加わる。

キュアブラック

決まっていたのは「白と黒のバディでアクションもの」という設定。今までピンクや白が定番だったヒロインのコスチュームに「黒」を採用し、今までにない、パワフルで情熱的な新ヒロインが誕生した。

Fashion Point

お腹部分はカバーし、スパッツと同素材に

フリルの位置や分量が変化。ちなみに肩はパッド入り、首元はシースルー素材になっている。ベルトはレザー製なので、ハイライトは描かれない(!)。

毛先を横に流したふんわりショートヘア

前髪にボリュームを持たせ、横にふわりと流した動きのあるショートヘアが、ブラックの活発な性格を表現。現実にあり得る髪色で、という主義のもと、ギリギリの茶髪を狙っている。

肩部分はアーマーを意識！アクションスーツ

プリキュアは戦うので、コスチュームはボディスーツやアーマー(甲冑)を意識。ベルトが下がっているのも、西部劇のガンホルダー的なイメージから。

ふたりはプリキュア

素手での戦いをサポートするパーツ

アームカバーは手の甲まで、ブーツカバーも足首までをカバー。手先、足先などの末端のボリュームが、アクションシーンでの迫力にもつながっている。

ふたりはプリキュア Max Heart

Back

Side Back

目的に合ったものをコスチュームに

プリキュアが戦う存在であることに、見ている人が感情移入しやすいよう、目的に合う機能性のあるコスチュームにこだわった。関節をできるだけ覆っているのもそのため。

CV. 本名陽子さんに聞きました

パワーをもらえるキュアブラックのコトバ

“私たちの中に、希望と勇気がある限り私たちは誰にも絶対負けない！”

（ホワイトとの割り台詞なのですが）「ふたりはプリキュア Max Heart」シリーズ最終話。限界を超えてもなお立ち上がったふたりがいう台詞。どんな状況になっても、この言葉を思い出せば前を向けるので、今も大切にしている言葉です。

キュアブラックのファッションここがスキ！

変身後のコスチュームで、ブーツカバーになっている足元が格好よくて好きです！力強さを感じさせつつも、ピンクのレースがさり気なくあしらわれていて可愛さもある。技を出すときにグッと踏みしめるアップなどぜひ注目していただきたいです。

Cure Black

デュアル・オーロラ・ウェイブ！
光の使者
キュアブラック！

　なぎさが変身するプリキュア。光の園を侵略し、世界を闇に染めようとする悪の勢力ドツクゾーンが生み出す怪物ザケンナーと戦うため、カードコミューンとなったメップルの力でキュアブラックになり、キュアホワイトとともに戦う。「ぶっちゃけありえな〜い！」

美《み》墨《すみ》なぎさ

ベローネ学院女子中等部に通い、ラクロス部に所属する元気いっぱいの女の子。勉強は苦手で男勝りな雰囲気だが、花嫁に憧れるなど、女の子っぽい一面も持っている。

ふたりはプリキュア Max Heart

デュアル・オーロラ・ウェイブ！
光の使者
キュアホワイト！

Cure White

ほのかが変身するプリキュア。同級生のなぎさとともに光の園からやってきたという妖精ミップルから変身するように告げられ、プリキュアカードをスラッシュするとキュアホワイトになった。自分とは全く性格の違うなぎさとともに、邪悪な敵と戦っていくことになる。

雪城《ゆきしろ》ほのか

ベローネ学院女子中等部に通い、科学部に所属。成績は常にトップクラスで、クラス委員も務める優等生。お嬢様育ちで物腰はやわらかいが、間違ったことは見逃せない性格。

キュアホワイト

黒髪のロングヘアで清楚な雰囲気だが、意志の強さを太眉で表現。ブラックのアクションがアスリートなら、ホワイトのアクションはバレリーナや体操選手。コスチュームにもふたりの対照性を反映させている。

胸元のリボンにハートが追加に

コンセプトは変わらず、ハートモチーフが追加。ちなみに、ホワイトの髪留めのハートも胸のハートも硬質な素材、アームカバーのハートはクッション系素材。

スカートは重ね着風に！スポーティさをプラス

スカートは、カバーをつけるイメージで二重に。パイピングのラインが増え、ややスポーティな印象に。フリルやレースなど、女の子が好きな要素はキープ。

ふたりはプリキュア

清楚な黒髪ロング！でも眉はやや太め

ツヤのある黒髪をハーフアップにしている。意志の強さは太眉で表現。「フェミニンなら細眉」「ボーイッシュなら太眉」の既成概念を覆す試みが成功。

バレリーナのイメージを〝戦える仕様〟に

ワンピース部分はバレリーナの衣装を参考に、フィット＆フレアのシルエット。ブラック同様、肩カバーやアームカバー、ブーツカバーを装着している。

ふたりはプリキュア Max Heart

ティーン誌や雑誌広告、絵画までイメージ元に

デザインにあたり、大量の資料を準備。当時のティーン誌、女性誌、ヘアカタログなど、たくさん見てイメージソースに。

CV. ゆかなさんに聞きました

パワーをもらえるキュアホワイトのコトバ

絶対負けない

決め台詞ではないですが、力及ばずな時に奮い立たせるセリフです。勝ち負けではないから「絶対勝つ」ではなく。でも、「絶対負けない」。

キュアホワイトのファッションここがスキ！

シンプルなところです。髪型も、服装も、どこか近くにいるような素朴なところが好きです。

シャイニールミナス

2作目の「ふたりはプリキュア Max Heart」から登場したキャラクター。黒と白、どちらにも属さない“光”のイメージ。デザインは金色に光り輝くクイーンを意識し、金髪でフサフサ、おでこを出した髪型は、清潔感やすっきり感がポイントに。

ゴールドに輝くフサフサの髪！

潔く出したおでこと、大きなツインテールがポイント。パワーアップ時には光の国のクイーンのようにボリュームがさらにアップする。

スカートや髪型は実物を観察して検討

ルミナスのワンピースのふんわりした感じや、変身前の編み込みの髪型、ひっつめた感じなどは、実物を何度もスケッチし、納得いくまで練り直した部分。

リボンベルトでポーチを携帯

ベルトがない分、変身アイテムを入れるポーチは、ゴールドのリボンベルトを使って携帯。シルクのような素材で、ピンクと白のワンピースの差し色になっている。

胸の下で切り替えたワンピーススタイル

高めの位置で切り替えたワンピースは2色使い。羽根のような飾りがついた裾部分は、大きな波形にカットし、動きを出している。肩部分にはカバーを。

透明感やちょっと不思議な感じを意識

ルミナスは、キャラクター的に無表情気味だったり、感情を動かさない感じ。コスチュームや私服も、2人とは違うふわっとしたイメージにしている。

CV. 田中理恵さんに聞きました

パワーをもらえるシャイニールミナスのコトバ

“本気で怒ってくれるのは、仲良しのしるしポポ！”

ポルン「怒ってくれて嬉しいポポ」ひかり「どうして……」ポルン「本気で怒ってくれるのは、仲良しのしるしポポ！」（「ふたりはプリキュア Max Heart」第8話）ポルンとの絆が深まるシーンで心温まるワンシーンでした。関心や興味がある相手だからこそ本気で怒ったり一喜一憂したりするんだと思います。

シャイニールミナスのファッションここがスキ！

タコカフェでお手伝いしていた時のお洋服が好きです。タコカフェエプロンも可愛いですね。

ルミナス・シャイニング・ストリーム！
輝く命 シャイニールミナス！

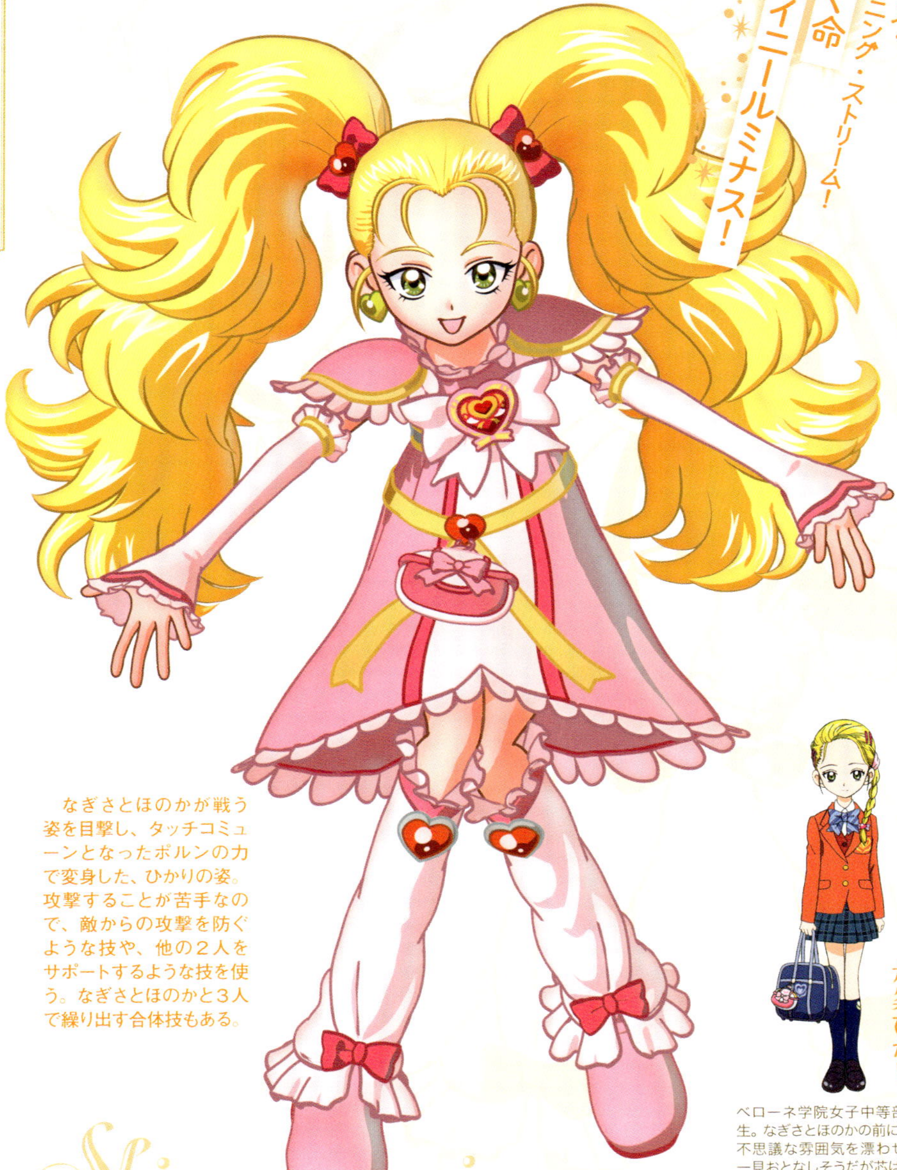

なぎさとほのかが戦う姿を目撃し、タッチコミューンとなったポルンの力で変身した、ひかりの姿。攻撃することが苦手なので、敵からの攻撃を防ぐような技や、他の２人をサポートするような技を使う。なぎさとほのかと３人で繰り出す合体技もある。

九条《くじょう》ひかり

ベローネ学院女子中等部１年生。なぎさとほのかの前に現れ、不思議な雰囲気を漂わせる。一見おとなしそうだが芯は強く、世間の常識と少しズレているところもある。

Shiny Luminous

Column 1

なりきり キャラリートキッズ①

「プリキュアになりたい！」という願いを叶えてくれるのが“なりきりキャラリートキッズ”。アニメ設定の再現性が非常に高く、子どもたちを夢のプリキュアの世界へいざなってくれる。

ふたりはプリキュア

キュアブラック

「黒」の人気キャラクターを生み出すべく、人気のなかった真っ黒のワンピースをかわいくしようと考え出されたのが、ピンクのフリルとのかけあわせ。フリルとハートが効果的に施され、「黒」のイメージを変える、劇的にかわいくて斬新なコスチュームが誕生！　ブーツカバーには足元までプリキュアになりきれるようにという作り手のこだわりが込められている。

キュアホワイト

主人公の「黒」に対して、反対色であり人気色である「白」で作られた。ドレッシーな仕上がりはウェディングドレスを彷彿とさせる、まさに女児の夢を叶える一着だった。キュアホワイトの“お嬢様”というキャラクターへの憧れからも子どもたちの心を惹きつけ、大人気のコスチュームとなった。

2004-2005

2005-2006

2006-2007

ふたりはプリキュア Max Heart

キュアブラック／キュアホワイト

前作からの設定を活かしつつ、キュアブラック・キュアホワイトともに、フリルとハートが増量された豪華なデザイン。キュアブラックは、メインカラーがネイビーになって、進化した印象。お腹を隠したいという声を受けて、ワンピース型に変更されている。キュアホワイトは、水色のフリルが多く入って清楚ながらも洗練されたイメージに。

ふたりはプリキュア Splash☆Star

キュアブルーム

花を意味する“bloom”。その名のとおり、花びら形のスカートがポイント。ピンクをメインに、色数が多くカラフルなコスチュームになっている。初代からこのシリーズまでは、7〜9歳向けの商品で身長115〜125㎝と大きめのサイズだった。番組視聴者の低年齢化を受けて、その後95〜115㎝向けの展開となった。

2006-2007

ふたりはプリキュア Splash☆Star

キャラクターデザイン：稲上 晃

夕凪中学校に通う日向咲のお気に入りの場所、丘の上の大空の樹の元で会ったのは、同じクラスに転入してきた美翔舞だった。実は５年前、この場所でふたりは不思議な体験をしていたのだ。それを思い出させてくれたのは「泉の郷」からやってきたという妖精フラッピとチョッピで、ふたりに「泉の郷」とこの世界を守ってほしいと懇願する。こうしてふたりは伝説の戦士・プリキュアとなり、邪悪な力に立ち向かう。

ふたりはプリキュア Splash☆Star

Cure Bloom

デュアル・スピリチュアル・パワー!!
かがやく金の花、
キュアブルーム!

咲が変身する大地のプリキュア。邪悪な敵と戦うと決め、フラッピとチョッピに導かれてプリキュアになった。決め技の「プリキュア・ツイン・ストリーム・スプラッシュ」で敵を倒す。また、物語後半で月のプリキュア、キュアブライトにも変身。「絶好調ナリ!」

日《ひゅう》向《が》咲《さき》

夕凪中学校に通う、ソフトボール部に所属する元気な2年生。明るくて元気いっぱい、いつもみんなの盛り上げ役。母親はパン職人で父親はパティシエ、家はパン屋を経営。

キュアブルーム

「自然」をモチーフにキャラクターや世界観も一新。前作とは異なり、ふたりの身長は同じくらいに設定し、さらに前作の“妹分”的な雰囲気を意識。「花鳥風月」の花と鳥をイメージに、ふたりのデザインを進めた。

Fashion Point

首元は植物っぽい緑のシースルー

ドレスは花束的な色味を表現。首元は葉や茎を思わせるグリーンのシースルー、袖部分にも花びらのような薄ピンクのフリルが。中には紫のボディスーツを着用している。

広がる髪型はひまわりのイメージ

ブルームは花がモチーフ。ヘアスタイルは花びらが開いたひまわりをイメージ。“ビッグスマイル”という愛称の品種があると聞き、口も大きめに描いている。

何枚も重ねたスカートで花を表現

横から見ると花のようなデザイン。花びらのように重ねたスカートには、動きやすいようにスリットが。ベルトは、ハートの中央部分も含めレザー製。

ブーツカバーのはき口は上から見ると花の形！

ブーツカバーのはき口は、上から見ると5枚の花びらでできたフラワーモチーフ。ひざ部分にもきちんとひざ当てを作っていて、機能面のデザインも丁寧。

アイドル風ディテールもアクションスーツっぽく

プリキュアは戦うので、小さい子に人気のディテールを取り入れながらも、コスチュームにする際は、アクションスーツっぽくアレンジしている。

キュアブライト

Side　Back

CV. 樹元オリエさんに聞きました

パワーをもらえるキュアブルームのコトバ

“だからプリキュアはふたりなの！”

劇場版でイーグレットと一緒に言ったセリフ「だからプリキュアはふたりなの！」補い合って戦う二人の関係がすごくでていたんじゃないかと思います。

キュアブルームのファッションここがスキ！

ブルームのパイナップルのような髪型。派手だし、陽気な感じがすごくかわいいです。

キュアイーグレット

イーグレットは、「花鳥風月」の鳥、具体的には「しらさぎ」をイメージしている。前作は「対照的なふたり」だったが、本作は「ふたりでひとり」がテーマ。ブルームと並んだときも、親しみやすい"ツイン感"が漂う。

ヘアスタイルもしらさぎをイメージ

前髪ごと後ろでまとめ、高い位置でポニーテールに。後ろの髪の毛の流れるようなラインや、上の逆立った部分がしらさぎの頭部から首の曲線・羽を思わせる。

ブーツカバーにも羽っぽい意匠を

ブーツカバーは、甲の部分にスリットが入ったところはブルームとお揃いだが、イーグレットは、はき口の絞りにも羽らしい飾りをあしらっている。

「立ちポーズ」にも大きなこだわり！

初代から、あざとさが感じられるポーズは取り入れない方針。どのキャラクターも、凛々しさの感じられる立ち姿を目指している。

肩の部分は重なる羽のイメージ

肩の部分はしらさぎが羽を重ねているようなデザイン。外側の部分はオフホワイト、内側の部分は薄いブルー。胸元のハートは髪飾りや足元にも使われている。

動きが引き立つイレギュラーデザイン

鳥の羽や翼をイメージさせるスカートデザイン。動きの中でも美しく見えるイレギュラーな裾や、腰のあたりで４本になっている長いリボンがポイント。

キュアウィンディ

CV. 榎本温子さんに聞きました

パワーをもらえるキュアイーグレットのコトバ

"今、プリキュアと共に！"

決め技の口上、「今、プリキュアと共に！」が気に入っています。
プリキュアと一緒なら何にも怖くない♪

キュアイーグレットのファッションここがスキ！

キュアウィンディの時の乙姫様みたいな肩のリボンが気に入っています。

ふたりはプリキュア Splash☆Star

デュアル・スピリチュアル・パワー！
きらめく銀の翼、
キュアイーグレット！

Cure Egret

美翔舞が変身する大空のプリキュア。かつて住んでいた町で一緒に不思議な体験をした咲とともに、妖精フラッピとチョッピに導かれてプリキュアになる。鳥のように華麗に舞う戦闘スタイル。自分の周囲にはバリアを張ることができる。後半は風のプリキュア、キュアウィンディに変身する。

美《み》翔《しょう》舞《まい》

中学2年生になる新学期に、夕凪中学校へ転入。美術部に所属している。もの静かな性格だが、ひとたび夢中になると周囲が見えなくなるほど集中する。

2007-2008

Yes！ プリキュア5

キャラクターデザイン：川村敏江

夢原のぞみはサンクルミエール学園中等部に通う普通の女の子。
ある日、図書館で不思議な本「ドリームコレット」を見つけ、パルミエ王国からやってきた妖精ココと出会う。
ココは自分の故郷を蘇らせるため、どんな願いでも叶うというドリームコレットを完成させたいといい、
そのためには「ピンキー」を55匹探さねばならないという。
のぞみはココを助けるため、仲間とともに奮闘する。

2008-2009

Yes！ プリキュア5 Go Go！

キャラクターデザイン：川村敏江

ナイトメアが消滅し、いつもと変わらない毎日を過ごしていたのぞみたち、プリキュア５の面々。
ところがある日、のぞみのもとに少年が現れ、手紙を手渡す。すると手紙から美しい女性が現れ、
「キュアローズガーデンで待っています」と不思議なメッセージを言い残す。
そして手紙はローズパクトに変わり、新たな敵が現れる。
どうやらまた新しい危機が訪れたようだ。そこにココとナッツが駆けつけ、
５人は再びプリキュアに姿を変える！

キュアドリーム

「動きやすさ」を追求したシリーズ。センターを囲んで5人のイメージをどう作るかに苦心した。「Yes! プリキュア5」は蝶がモチーフ、「Yes! プリキュア5 Go Go!」はバラがモチーフに加わった。ドリームは、明るさと華やかさを意識してデザイン。

Fashion Point

リボンにバラの花をつけて華やかさアップ

ヘアスタイルはほぼ変わらないが、リボンの根元は新モチーフであるバラを飾ることに。一気にゴージャス感が高まり、華やかで女の子らしい雰囲気に。

襟がつくことでぐんと大人っぽく!

「Yes! プリキュア5 Go Go!」は少し年齢感を上げる意図と、肩まわりをはっきりさせたいとの狙いで、襟付きに。ジャケット風なのでカッチリ感が出て一気に大人っぽく。

初の試みの5人! 出発点は私服から

プリキュアが2人から一気に5人に変わった本作。変身したキャラクターをデザインするために、ベースとなる私服のキャラクターから考え始めた。

Yes! プリキュア5 Go Go!

Yes! プリキュア5

テスト塗りを重ねてローズピンクに!

ハーフアップにした髪でサークルを作って留めたユニークなヘアスタイル。当初は茶髪寄りの金髪案もあったが、華やかでインパクトのあるピンクに決定。

おへそが見えるヘルシーなデザイン

肌見せ部分があると、フリルやピンクで女の子っぽさが強めであっても、ヘルシーで元気な雰囲気に見せられる。胸元には蝶のモチーフが飾ってある。

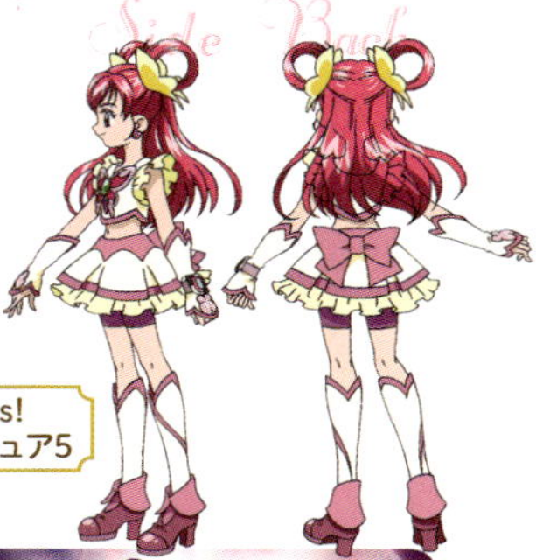

CV. 三瓶由布子さんに聞きました

パワーをもらえるキュアドリームのコトバ

“みてみてみてね!”

「みてみてみてね!」にけってーい! 毎週早口言葉みたいにがんばりました。

キュアドリームのファッションここがスキ!

頭の輪っか。ドーナツに似ているから。

プリキュア・メタモルフォーゼ！

大いなる希望の力、キュアドリーム！

　のぞみが変身する希望のプリキュア。故郷を復活させたいという妖精ココの力になりたいと思ったのぞみは、桃色の蝶に導かれてプリキュアになる。怪人に変身した紳士風の男が出現させた怪物コワイナーを見事に撃破する。「夢見る乙女の底力、受けてみなさい！」

夢原《ゆめはら》のぞみ

サンクルミエール学園に通う中学２年生。明るくて元気いっぱいで、いつも前向きなのぞみは、みんなからも可愛がられ、支えられている。勉強と運動はちょっぴり苦手。

Yes! プリキュア5GoGo!

プリキュア・メタモルフォーゼ!
情熱の赤い炎、
キュアルージュ!

夏木《なつき》りん

サンクルミエール学園に通う中学2年生。フットサル部に所属するスポーツ好きで男勝りな性格。幼稚園の頃からのぞみと友達で、世話を焼いている。

りんが変身する情熱のプリキュア。親友ののぞみからプリキュアになろうと誘われるが、危険な目にあうと思い、のぞみにプリキュアをやめさせようとする。しかし、諦めずに戦うのぞみを見て、プリキュアになろうと決意した。「純情乙女の炎の力、受けてみなさい!」

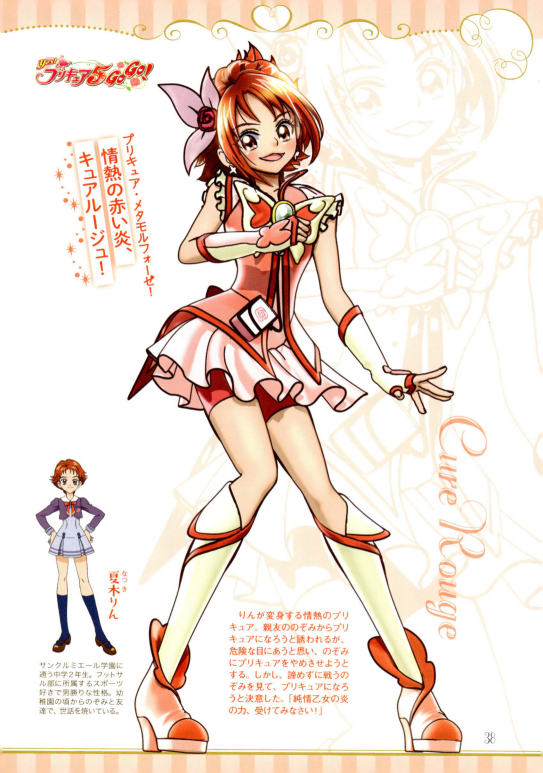

キュアルージュ

その名がフランス語で「赤」の意味を持つルージュは、情熱的で熱いハートを持った女の子。赤の色味が難しく、デザインが決定するまでには時間がかかった。炎のように逆立った、やんちゃなヘアスタイルが特徴的。

Fashion Point

髪は少し伸び、髪飾りも女らしく変化

顔まわりの髪が少し伸び、女の子らしい印象にシフト。後ろのくせっ毛はほぼ変わらないが、耳の上の髪飾りは、リボンにバラをつけたものに変わっている。

ジャケットの直線ラインで上半身がシャープに

縦ラインを強調するジャケットとふんわりスカートとのコーディネートがメリハリを生むコスチューム。シャープさが強調され、意志の強さが前面に。

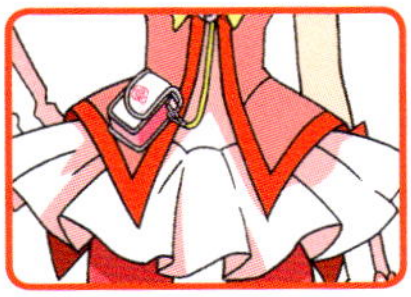

Yes！ プリキュア5 Go Go！

Back

Yes！ プリキュア5

くせっ毛を生かしたショートヘア

ショートカットでわかりやすい活発なイメージ。後ろの髪は炎のように逆立っているが、実はくせっ毛。耳の後ろに大きな蝶のモチーフを飾っている。

赤のラインを利かせて力強さを表現

袖や裾にフリルをあしらったガーリーなワンピースには、腰や裾などに太めの赤のラインを入れて、ルージュらしいパキッとした雰囲気を出した。

Side　Back

ドリームと並ぶとき赤の色味をどうするか

パキッとした赤にしたいが、朱色に寄せるとレモネードに近づいてしまい、彩度を落とすと濁ってしまう。赤に寄せるとドリームとも似てしまうので色味に苦心した。

CV. 竹内順子さんに聞きました

パワーをもらえるキュアルージュのコトバ

“もうのぞみったらー”

のぞみはのぞみのままでいいよ。的な気持ちの「もうのぞみったらー」て言う言葉。いつでも味方な感じがして嬉しくないですか？

キュアルージュのファッションここがスキ！

体操服。美人さんだしスポーツ万能だし。同じ学校にいたらその凛々しい姿に惚れてバレンタインデーでチョコ渡します。

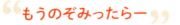

キュアレモネード

芯はしっかりしているものの、どこか末っ子感のあるキャラクター。アイドルなので、コスチュームもアイドルの衣装っぽく、フリルや、パフスリーブなどの女の子らしい要素をたっぷり取り入れている。

Fashion Point

ほつれカールの表現をブラッシュアップ！

基本デザインはそのまま、お団子からほつれたカールの表現を、よりデザインっぽくアレンジ。お団子の根元にバラの髪飾りがプラスされ、華やかさが増した。

フリルの多さは踏襲！ジャケットは短めに

フリルの多さはピカイチ。ツートンカラーで2段になったフリルが引き立つよう、ジャケットは他のプリキュアより短い。パフスリーブにもフリルを追加。

Back

Yes！プリキュア5 Go Go！

Yes！プリキュア5

お団子をほつれさせて蝶の口のように！

当初はお団子ヘアだったレモネード。そのままだと落ち着いてしまうので、少しほつれさせたところ、蝶の口のような形に。意外と好評で採用に。

パニエをはいたようなふっくらボリューム

アイドル設定もあり、フリルは他のプリキュアよりやや多め。下にパニエをはいたような、ふっくらしたボリュームが可愛らしい。首の後ろにもリボン♡

Side Back

蝶より蛾の図鑑が役立った⁉

シルエットやヘアスタイルの参考には、モチーフである蝶とともに蛾の写真も参考に。デザインの多彩さは蝶以上！　蛾の美しさがヒントになったことも⁉

CV. 伊瀬茉莉也さんに聞きました

パワーをもらえるキュアレモネードのコトバ

“はじけるレモンの香り”

演じていた当時は「なんでレモンの香り？」と正直思っていた部分もあったのですが（笑）。
うららぐらいの10代のキラキラした瞳や、爽やかな汗、はじける笑顔を見ると、それらが眩しい！と感じる気持ちが私も大人になってわかってきて、「はじけるレモンの香り」は奥が深いなぁと……集約されてるなぁとやっと気付きました。

キュアレモネードのファッションここがスキ！

服ではないんですが……プリキュアに変身した時のクルクルの髪型です。なかなかインパクトがあると思います。

プリキュア・メタモルフォーゼ！
はじけるレモンの香り、
キュアレモネード！

うららが変身するはじけるプリキュア。偶然にもドリームとルージュの戦いを見てしまい、のぞみたちと接点ができる。そこへナイトメアの新たな敵が現れ、初めてできた友達を守りたいと思ったことで、プリキュアになった。「輝く乙女のはじける力、受けてみなさい！」

Cure Lemonade

春日野《かすがの》うらら

サンクルミエール学園に通う中学1年生。新人アイドルとしても活動し、歌手デビューもした。フランス人の父と日本人で女優の母との間に生まれたハーフ。

Yes! プリキュア5 GoGo!

プリキュア・メタモルフォーゼ！
安らぎの緑の大地、キュアミント！

Cure Mint

こまちが変身する安らぎのプリキュア。癒やし系の雰囲気がぴったりだとのぞみからプリキュアに誘われる。小説家になりたいというこまちの夢を笑わず応援してくれた、のぞみの気持ちに応えるべく、プリキュアになった。「大地を揺るがす乙女の怒り、受けてみなさい！」

秋元《あきもと》こまち

サンクルミエール学園に通う中学3年生。図書委員を務める読書好きで知識も豊富。おっとりした性格だが、怒らせるといちばん怖いタイプ。かれんとは大親友。

キュアミント

6人の中ではいちばんもの静かで、おっとりしたイメージ。髪型も控えめだったが、後ろ側の毛を少し長めにしてアクセントに。キャラクターの髪型は、全員ほんのり蝶に見えるようにデザインしている。

Fashion Point

蝶の髪飾りの真ん中にバラのモチーフを追加

基本形はほとんど同じだが、表情は少し柔らかく、大人っぽい印象に。蝶のカチューシャは繊細なデザインに変わり、ピンクのバラのモチーフが加わった。

かっちりジャケットで肩出しも封印！

ジャケットできちんと感を出しつつも、もともとのミントらしさであるふんわり感は袖でキープ。細かいとアニメで動かすのが大変なフリルは簡略化。

Yes！ プリキュア5

オフショルダーの肩出しが大人っぽい！

デコルテが見えるオフショルダートップスに、エプロンのようなオーバースカートを重ねたスタイル。5人の中でややお姉さんっぽい雰囲気になっている。

長く垂らした髪が蝶のようなシルエット

変身前のおとなしいショートボブを、ラフにボリュームアップ。毛先をカールさせた後ろの髪が首の後ろで二つに分かれ、ふわっと揺れるのも印象的！

Side　Back

Back

Yes！ プリキュア5 Go Go！

センターを囲む4人のイメージを模索

初期段階で5色展開は決まっていたが、内容は未定。例えば白虎などの四神や、四季のイメージなどになぞらえて、センター以外のカラーを模索した。

CV. 永野愛さんに聞きました

パワーをもらえるキュアミントのコトバ

これは私の物語よ！　勝手に終わらせはしないわ！

挫折しながらも自分の夢に向かって再び進むことを決意したミントの強い気持ちが好きです。

キュアミントのファッションここがスキ！

変身後のショートブーツが可愛いです。特に「Go Go！」の足を花びらのように包んでいるショートブーツが素敵です。

キュアアクア

6人の中で年上で、リーダーシップを備えたキュアアクア。大人っぽさと同時に、フェミニンな雰囲気も意識してデザインされている。毛先の直線的なカットが特徴で、シャープさや知的さを演出している。

袖の雰囲気を残しつつジャケットにチェンジ

トップスは、もともとのデザインを生かしたフリル付きパフスリーブに。スカートのフリルはひだが大きくなり、ジャケットと合わせてぐんと大人っぽく。

足元もさりげなくマイナーチェンジ

足元のデザインも、少しずつチェンジ。はき口が立体的になったデザインはそのままに、蝶のモチーフをなくし、少し厚底に変えてボリュームアップ。

Yes！プリキュア5 Go Go！

Yes！プリキュア5

噴水のようなポニーテールが特徴

ヘアは、前髪の半分を土星の輪のように後ろに回し、後ろの髪と一緒にやや高めに結い上げている。直線に切りそろえられた毛先がシャープな印象を演出。

オフショルダーでフェミニンな雰囲気

肩部分が露出する、開放的なオフショルダートップスにオーバースカートを重ねるデザインは、ミントにも通じる。ブルーのラインでメリハリを。

どこかに真似しやすいポイントを作る

衣装は真似できなくても、髪飾りやヘアスタイルなら取り入れることができる。少し真似するだけで気分がアガるから、そんなポイントを意識している。

CV. 前田愛さんに聞きました

パワーをもらえるキュアアクアのコトバ

何度だって立ちあがる！

ボロボロになりながらも、強い瞳で言い放つ姿に、やり遂げたいことには何度だって挑戦したいと思いました。

キュアアクアのファッションここがスキ！

サンクルミエール学園の制服が通常も夏服も可愛くて好きです。パフスリーブや腰からのスカートのラインが綺麗で好みです。

プリキュア・メタモルフォーゼ！
知性の青き泉、
キュアアクア！

Cure Aqua

かれんが変身する知性のプリキュア。プリキュアへの誘いを非現実的だと断るが、あきらめずに声をかけてくるのぞみを見て、かれんは心を開いていく。今度こそ仲間たちを助けたいと心から願ったことで、プリキュアになる。「岩をも砕く乙女の激流、受けてみなさい！」

水《み》無《な》月《づき》かれん

サンクルミエール学園に通う中学3年生。生徒会長を務め、容姿端麗、頭脳明晰でみんなの憧れの的。感情は表に出さず、弱みを見せないようにしている。

Yes! プリキュア5 GoGo!

スカイローズ・トランスレイト！
青いバラは秘密のしるし、
ミルキィローズ！

Milky Rose

妖精のミルクが人間の姿（くるみ）となって変身する、青いバラの力を持つ戦士。プリキュアたちのピンチに現れ、強力なパワーで敵幹部を撃退した。ただし、誰かを守ると攻撃が鈍るという、経験不足ゆえの弱点もある。「邪悪な力を包み込む、きらめくバラを咲かせましょう」

美《み》々《み》野《の》くるみ

サンクルミエール学園の2年生としてのぞみのクラスに転入する。正体はココとナッツのお世話係の妖精ミルクが変身した姿。

ミルキィローズ

意志の強い、勝ち気なキャラクターなので、見た目も派手めに。ドリームに対抗心を持っているので、ドリームと並んだときは対になるデザインを意識している。「まず、何色にするのか」から始め、検討を重ねた。

ウェーブヘアで見た目も華やかに！

サイドにポイントを作ったウェーブヘアはボリューム満点。髪飾りは「青いバラの戦士」らしく青い花びら。ヘッドアクセの雰囲気で妖精感も出している。

ピンク？　紫？悩んだイメージカラー

ミルキィローズは妖精ミルクの変身なのでピンク案もあったが、「アクの強さ」が足りずテスト塗りで好評だった紫に。青いバラの"青み"が勝って紫、ということに！

青いバラのモチーフをアクセサリーに

胸元をはじめ、ヘッドアクセ、アームカバーの先にまで青いバラのモチーフを飾っている。イヤリングは、垂れ下がって揺れるタイプを使用して大人っぽく。

ドリームで断念したへそ出しを復活

前面のレースアップ風のデザインで、ミルキィローズの華やかさをアピール。実はお腹の部分がVに開いていて、おへそが見えるデザイン。

ギャザーを寄せた優雅なブーツ

ブーツのはき口のデザインやヒールの太さ細さにも、キャラごとの性格の特徴が。リボンで寄せたギャザーのはき口が、他の5人とは異なる雰囲気を醸し出している。

CV. 仙台エリさんに聞きました

パワーをもらえるミルキィローズのコトバ

“スカイローズ・トランスレイト！
青いバラは秘密のしるし、
ミルキィローズ！”

ミルキィローズ変身の名乗り台詞。
この台詞を初めて収録したとき、嬉しさと緊張で震えました。
心に残る台詞はたくさんありますが、変身シーンはやっぱり、女の子の夢と希望がつまっているなぁと思います。

ミルキィローズのファッションここがスキ！

青いバラ。胸のバラ、ティアラ。
変身シーンの、瞳がアップになるところはティアラの青いバラが際立ちますね。美しいです。

Special interview 1

キャラクターデザイナー

川村敏江

プリキュアの魅力を生み出す力

プリキュアでは4シリーズでキャラクターデザインを担当している川村敏江さん。生き生きとしたキャラを生み出す川村さんのデザインの秘密と、人となりに迫ります！

――キャラクターデザインはどんな風に進めていかれますか？

川村敏江さん（以下敬称略） プリキュアシリーズは、それぞれの作品に「こんな感じにしたい」という意向もあるので、そのコンセプトに従って、まずはどんなデザインがいいのか、細かいところまで考えますね。

――どんな資料を参考に？

川村 以前は本や雑誌を積み上げて調べる、ということが多かったですが、最近はスマートフォンを使うことも多いです。パソコンよりも手軽で手っ取りばやいですし。本当は紙媒体が手元にあるほうがやりやすくて好きなんですけど、だいぶやり方は変わってきましたね。

調べるときは、キーワードを入れて画像検索する感じなので、参照する資料はそのときによってまちまちです。ただ、スチームパンク（右下写真参照）の雰囲気は個人的に好きなので、その系統のブランドのお洋服を見ることはあります。敵キャラのコスチュームの参考にしたり。このあたりは趣味と実益を兼ねてですね（笑）。

――トレンド感や、今っぽさも意識していますか？

川村 あまり流行に乗り遅れたくはないなと思っています。なので、ときどきファッション誌を見て、自分の中で情報更新しています。好みとは別に、情報としては入れておかないといけないと思っているので。

実際に取り入れたのは、キュアサニー（P86）とキュアマーチ（P90）のイヤーカフや、ルールー（P163）のイヤーフックですね。通常はイヤリングタイプが多いのですが、当時の流行も参考にしています。本編ではあまり見えませんけど（笑）。

――街を見て歩いたりも？

川村 しますね。お洋服のお店を見るのが楽しいんです。いろいろな生地や素材を見るのも好きですし。自分の普段の行動範囲は池袋あたりと限られますが、たまに足を延ばして新宿や渋谷のほうまで出かけると、街によってファッションも変わってくるのが面白いですね。原宿系などのストリートファッションを見ていると、本当に日本のファッションは自由だなって思いますし。

先日、立ち寄ったスタジオでも、

ファッションのジャンルのひとつ「スチームパンク」。レトロな雰囲気、アンティーク調の色合い、ロングスカートやコルセットなど、ヴィクトリア朝を現代風にアレンジしたデザインが多い。（写真／アフロ）

髪をホワイトに染めているアニメーターさんがいて、すごくおしゃれだなって。私の若い頃はまだカラーリングもバリエーションが少ない時代でしたが、若いうちにもっと冒険しておけばよかったなと（笑）。わりと身近な人のことも見ています。

――いろいろな刺激を受けているんですね。髪型の発想はどこから？

川村 ヘアアレンジ記事や、ヘアカタログは見ますね。それこそ、キュアハッピー（P84）のデザインでは、ヘアカタログで見つけた、ゆるくほぐした三つ編みが可愛くて、なんとかそれをアニメっぽく落とし込めないかと試行錯誤して生み出したものなんです。触角みたいに小さく結んだ髪をアクセントにしているのは、アニメっぽいアプローチですが。

――タレントやアイドルグループのスタイルもチェックしますか？

川村さんが最初にデザインしたプリキュア、キュアドリームの設定画。髪の色がピンクのプリキュアはドリームが最初。

川村　目的を持って見ることはないですが、アイドル雑誌や音楽番組を見て参考にすることはあります。キュアサニーのパワーアップフォームの髪型は、実はレディー・ガガさんの〝猫耳ヘア〞がインスピレーションのもとなんです。（P174画像参照）「すごく素敵！」と思って、使わせていただいたのを覚えています。

――川村さんのデザインでは、『HUGっと！プリキュア』（以下『HUGプリ』）の目元部分も印象的です。こちらはアイラッシュですね。

川村　はい。『HUGプリ』（P153〜）は、私がキャラクターデザインを手がける3作目だったので、目元にも何か変化が欲しいなと。今までは、マスカラで盛ってるイメージだったので、まつげを伸ばすこと以外にはあまり変化がつけられなくて。
　悩んでいたら、パーティーシーズンによく出回る、ペーパーアイラッシュを使うアイデアを思いついて。ただ、実際に描いてみると悪目立ちするし、線もゴチャゴチャして、これは毎回原画を描くのも大変だなと。結局、形をシンプルにし、色を薄くすることでちょっと軽めに見せることができました。

キュアサニーのパワーアップフォーム。レディー・ガガの猫耳ヘアがインスピレーションのもとに。

――川村さんはアイメイクもお好きなんですね。

川村　好きですね。ただ、私のまつげは短くてマスカラは塗りにくいし、つけまつげは目元の違和感に慣れなくて、自分には応用できませんが（笑）。メイクは子どもたちも興味ありますよね。今回は口紅みたいなものも使っていますが、色つきリップくらいのイメージです。下唇だけに色をのせて、軽く見せています。これくらいだったら、見ている子のお父さんお母さんも許してくれるかなっていうところを狙っていますね。

――『HUGプリ』は、透ける素材もいろいろ使っていますね。

川村　そうですね。キュアエール（P154）は、スカートに透ける素材を使いたい、と企画初期から決まっていました。やっぱり目を引くし、新しさが出ますよね。あとは、キュアアンジュ（P156）の後ろ下がりのテールスカートも流行感があるところかな。変形版にしていますが、動きが出て楽しいですよね。お店で見たり、自分で持っているものも参考にしました。

――お洋服はよく買われますか？

川村　いえいえ、そんなに持っていません。可愛いなと思うものと自分が似合うもの、着られるものはまた別ですから（笑）。でも、好きは好きなので、チェックはしますね。

――プリキュアのコスチュームデザインで、意識していることは？

川村　見ている子どもたちの興味をひけるポイントを作る、ということですね。お洋服ももちろんですが、髪型や髪飾りも。とくに、髪型は取り入れやすいかなと思います。私は子どもの頃はショートカットでしたが、それでも好きなイメージに近づけたくて、髪を結ってみたことがありました。キュアドリーム（P36）のクルンとした髪型も、キュアレモネード（P40）のお団子をほつれさせた髪型も、真似できなくはないアレンジにしてあります。憧れの対象

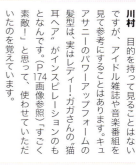

ショートカットの子の中にもプリキュアになりたい子はいるはず！

のほんの一部を取り入れるだけでも、気持ちがアガるものかなと。

――そうだと思います。プリキュアはロングヘアの子が多いですが、それも憧れの表現ということですか？

川村　そうですね。小さい女の子たちはやっぱりというか、ロングヘアに憧れる子が多いみたいなので、ロングヘアにすることが多いです。ルージュ（P38）はショート、サニーはショートボブなのですが、当初、サニーはロングヘアがいいのではとの意見が出ました。でも、私自身は子どもの頃、本当は髪を伸ばしたいのに、母親の好みでショートにさせられていて。だから、ショートの子の中にも、プリキュアになりたい子はいるんじゃないかなって（笑）。なので、サニーは変身後もやや短めの髪になっています。

――川村さんがデザインしたプリキュアは、16人にのぼります。特に思い入れのあるキャラクターはいますか？

川村　う〜ん、キュアドリームかな？　やっぱり最初にデザインした子なので。それから、キュアミント（P42）やマーチみたいな「グリーン担当」の子は、これまた個人的なことになりますが、私自身が子どもの頃から緑色が好きなこともあって、大事にしてあげたいなって（笑）。でも、もちろんそれぞれに思い入れがありますから「みんな」ですよー！

――キャラクターが並んだときの可愛らしさや迫力も、川村さんならではですね。工夫はありますか？

川村　集合カットを考えるのは本当に大変です……。全員をまとまりで見る場合は、10人くらいまでが限度かな。視線が散っちゃうんです。キャラクターによって、ふさわしい立ち方やポーズもありますし。それから、プリキュアは髪のボリュームがすごいから、その扱いも大変！（笑）。以前にアニバーサリーブックかなにかで集合絵を描いたときは、自宅作業中、不意に窓を開けて叫びたくなりました（笑）。

工夫とは少し違いますが、自分で描く絵には、私自身の憧れが入っていますね。みんなが集まってる絵なら、会話が聞こえてきそうな感じがいいなって。楽しそうに見えるシチュエーションを、いろいろと思い描きながら描いています。

――ここからは、みんなが憧れるキャラクターをたくさん生み出している川村さんのルーツについてお伺いします。やはり、もともと絵はお好きだったんですか？

川村　そうですね。ただ、ストーリー漫画を描いたことは実はなくて。とりとめのない感じで絵を描くことはあっても、ストーリーを考えることにはあまり興味がなかったみたいです。あくまで「絵を描くこと」が好きだったんですね。

アニメは、姉の影響もあって、小学校高学年くらいから見るようになりました。当時は『宇宙戦艦ヤマト』

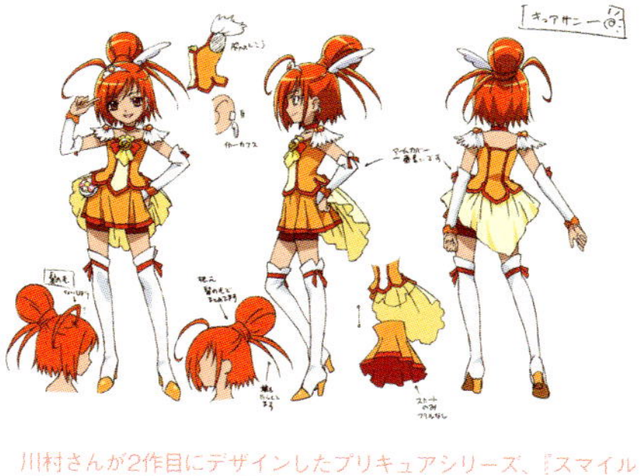

川村さんが2作目にデザインしたプリキュアシリーズ、『スマイルプリキュア！』の5人の設定画。イヤーカフを取り入れていたり、グリーンのプリキュアがいたりと、川村さんのこだわりが随所に。

や『機動戦士ガンダム』を見ていたかな。実家があまりにも田舎すぎて、放送されるアニメが少なくて。アニメ雑誌にはよく載っているけど、テレビでは一度も見たことがないというアニメがたくさんありました（笑）。

高校はデザイン系ですか?

川村　高校は普通高校です。卒業して、専門学校に通うにあたって上京しました。今は地方にも専門学校が増えてきましたけど、アニメの専門学校はやっぱり東京に行くしかなかったので。親には相当反対されましたが、押し切りました。専門学校で2年学んだあとは、アニメ会社に入社。その頃はアニメのスタジオ名すらろくに知らなくて……。なんとかスキルを身につけようと四苦八苦の毎日でしたね。

その会社にはどれくらいいたのですか?

川村　悩みながらも、かなり長い間いましたね。その間にプリキュアシリーズの原画や、キャラクターデザインに関わる機会も得ました。ただ、そのスタジオで私が担当するジャンルっていうのが、かなり偏ってしまって。もうちょっとジャンルを広げたいという気持ちを持ちつつ、また、体調を崩してしまったこともあって２０１０年に退社しました。

決断を促したきっかけなどはあったんですか?

川村　ちょっとおかしな話なんですけど、私、趣味でタロット占いをやるんです。たまに引っ張りだして自分で自分を占ってみるんですが、大抵はとりとめのないカードばかり。それが、ちょうど「会社辞めようかな」というタイミングで占ってみたら、明確なメッセージのあるカードばかり出るんです。雑誌で見かける占いも同じで、どれも「動くなら、今」って。じゃあ、そうなのかなって。気持ち的には固まっていましたが、あとひと押しは占いでした（笑）。

そのあとはフリーランス?

川村　そのつもりだったのですが、『神のみぞ知るセカイ』という作品が動き出すタイミングで、別の会社に声をかけていただきまして、そちらに移りました。サポート的な感じで入るのかなと思ったら、総作画監督という、意外と重要なポジションを任せていただいて（笑）。大変でしたが、お仕事をいただけるのはありがたかったですね。

それからここでは、『カーニヴァル』という作品がとても鮮烈で、ダークな世界観と煌びやかなキャラクターが自分には新鮮で、引き出しが広がったのではないかと思います。

それでも通して見ると、なんだかんだで『プリキュア』とはいちばん長いおつきあいになりますね。10周年の歴代メッセージで自分のデザインするプリキュアは終わりかな、と思っていましたが、『HUGプリ』でまたデザインさせていただくことになるとは！　ご縁があるのかもしれないと思いました。

プリキュアのお仕事で思い出というのはありますか?

川村　うーん、思い出というか、プリキュアはやはり、大きなプロジェクトなので、公私込みでなにかしらのトラブルが起きないよう、安全祈願やヒット祈願などをしました。初日の放送が無事に終わるまでは気が

なんだかんだでプリキュアとはいちばん長いおつきあいです

川村さんデザインのプリキュア最新作『HUGっと！プリキュア』の設定画。シースルー、イレギュラーヘム、バルーンスカート、ニーハイソックスとおしゃれポイントがいっぱい！

「絶対こうじゃなきゃ！」っていう考えに固執することはないと思うんです

抜けませんね。

――もう辞めようとか、疲れて実家に帰ろうと思ったことは？

川村　いろいろわがままを言って出てきたので、そこは帰るに帰れないという（笑）。そういう意味では頑固でもあったと思います。実は、最初のスタジオを辞めたときは、どこにも行くあてがなかったので、アルバイトをしようと思っていたんです。ただ、それまでまったくアルバイトをしたことがなかったので、すごく不安で。幸い、すぐに次のお仕事をいただけたので、結局やらずじまいでしたが。

でも、仕事ってなんでもそうかもしれませんが、何が役に立つかわからないんですよね。特に若いうちは、なんでも経験かなと。

――初代プリキュアを見ていた子どもたちも、今は20歳前後。その頃のご自身を振り返ると？

川村　そうですね。まず、絵を描くことやアニメに興味がある人にとっての状況は今と全然違いましたね。昔はアニメにそれほど多様性なんてなかったけれど、今はゲームもあるし、ピクシブもあるし、同人誌界隈もきちんと商業ベースに乗せられるものもあったりして。発表する場やチャンスも広がっているなと思います。

ただ、継続していくのは大変、というのは今も昔も変わりないのかもしれないですね。描いていく、描き続けるってつくづく根気のいることだなと思います。自分自身が、20歳のときは本当に何もわからなかったですけど。

――プリキュアに憧れていた女の子たちに伝えたいことはありますか？

川村　プリキュアのキャラクターにもそれぞれ個性があって、いろいろな戦い方をしています。だから私たちも、「絶対こうじゃなきゃ！」っていう考えに固執することはないと思うんですよね。頑固過ぎたり、意固地になったりしていると、視野は狭まってしまう。だから、周囲の人の話を聞いたり、友達ととことん話し合ったりっていうのは大切だと思います。私は友達は多くありませんけれども（笑）。

あと、やりたいと思った道に進んで、挫折することは、みんなあると思うんですけど、そのときに「逃げないことが勇気」と思わなくてもいいというか。本当に行き詰まったときは、一度逃げて、離れてみるのもひとつの方法かなと。それでもあきらめきれなかったり、どうしてもやりたいと思ったりしたものが、最終的には本物になるんじゃないかと思います。

Profile

川村敏江
（かわむら としえ）

アニメーター。きのプロダクション、マングローブを経て、キャラクターデザインや作画監督で活躍中！　プリキュアシリーズでは、『Yes！ プリキュア5』『Yes！ プリキュア5 Go Go！』『スマイルプリキュア！』『HUGっと！プリキュア』でキャラクターデザインを担当。

2009-2010

フレッシュプリキュア！

キャラクターデザイン：香川 久

ダンスユニット〝トリニティ〟のライブを見に行くことになった、四つ葉中学校２年生の桃園ラブ。
そこへ突然、世界の支配を企む管理国家「ラビリンス」によってナケワメーケという怪物が現れる。
「憧れの人を守って、もう一度ライブが見たい！」という気持ちと、
鍵型の妖精ピックルンと変身携帯手帳リンクルンの力でラブはプリキュアに変身！
こうしてラブは仲間と一緒に、悪の野望に立ち向かうことになる。

フレッシュプリキュア!

チェインジ・プリキュア・ビートアップ！

ピンクのハートは愛あるしるし！

もぎたてフレッシュ
キュアピーチ！

ラブが変身するプリキュア。ダンスユニットのイベントで、インフィニティを求めて現れたイースの仕業で会場が大混乱。憧れのミユキを助けたとき、ラブの携帯電話が変身アイテムに変わり、ピルンの力で愛の戦士プリキュアになる。手をハートの形にして技を放つ。

桃園《ももぞの》ラブ

公立四つ葉中学校２年生。他人のことでも自分のこと以上に一生懸命になる性格。幼馴染みの美希と祈里とダンスユニットを結成。夢はダンスコンクールで優勝すること。「幸せゲットだよ！」

キュアピーチ

桃園ラブが変身するキュアピーチは、最初に制作したキャラクター。全体的に前作より頭身を大きく上げ、ぐっと大人っぽい雰囲気にシフト。

アニメーションとして動かしやすいものを

髪の毛もまとまったボリュームのある束として動かすことを考慮。髪のハイライトも、細かく入れるのをやめ、動かしやすさを優先した。

レースアップをアイキャッチに

ダンスが好きな設定もあり、ダンサー風のコスチュームを志向している。エンブレムやポシェットは片側に寄せ、あえてアシンメトリーに。

当時の流行を取り入れソックスをチラ見せ

ロングブーツからソックスをチラリと見せて、立体感を出す着こなしは、当時の流行を参考にしている。頭身を大きく見せるため、ひざ下はやや長め。

実は、左右の結び紐の数がアシンメトリー

ヒロインらしく、髪型は金髪のツインテール。ボリューム感のある大きなウェーブになっているが、線をやや簡略化して描きやすいデザインにしている。

踊りやすいミニ丈!フリルもたっぷり

ピンクを基調に、白とのコンビで清潔感や軽さも出している。フリルを重ねたミニスカートは、中までぎっしりフリルが詰まっている。

CV. 沖佳苗さんに聞きました

パワーをもらえるキュアピーチのコトバ

心を揺さぶるセリフが多くて選べません

ラブは真っ直ぐ心を揺さぶるセリフが多くて選べません。それを素直に受け止められる人でいたいな。

キュアピーチのファッションここがスキ!

「フレプリ」はお家の方が作ってあげられるデザインにしたと聞き、キュート&シンプルで素敵だと思います♡

キュアベリー

キュアピーチを基本型に、派生パターンを模索。元アイドルの母を持ち、モデルを目指しているキュアベリーは、「スレンダーでおしゃれ」というイメージから、露出が多めで流行感のあるセパレートタイプの衣装に。

サイドテールの逆側にウエストのリボン

ポニーテールはデザイン資料にあった案。それを思い切りふくらませ、チョココロネのようにデフォルメ。リボンをウエストの反対側に垂らし、バランスをとっている。

へそ出しスタイルで抜群のスタイルを強調

おへそを出したコスチュームは少なかったため、差別化のポイントでもある。オフショルダー＆ふんわり袖のトップスのデザインもトレンド感を出した。

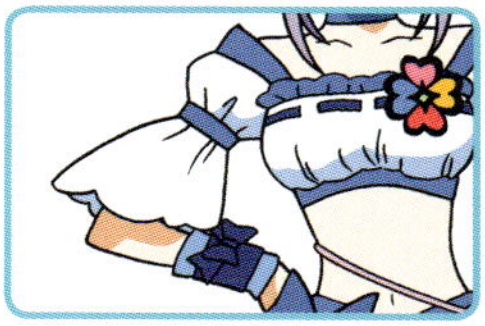

脚の露出はソックスでバランスを調整

オーバーニーソックスを濃色にすることでぐんとシャープな印象に。ブーツのはき口の折り返し方が立体的でこなれているのは、おしゃれなベリーだからこそ。

シルエットだけでわかるキャラクターデザイン

簡略化したヘアスタイルやスカートデザインなどに特徴を出し、シルエットだけでキャラクターがわかるように。足先の表現も全員微妙に違う。

4人の中でいちばん短いスカート丈

ローウエストのスカートは、実はスカート丈がいちばん短い。ウエスト下のレースアップデザインは本作のコスチュームに共通するポイント。

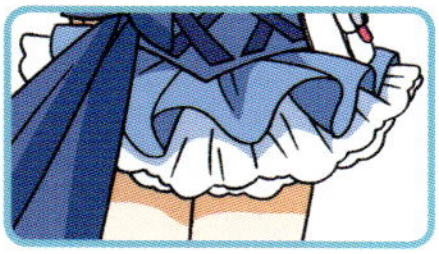

CV. 喜多村英梨さんに聞きました

パワーをもらえるキュアベリーのコトバ

“あたし、完璧！”

元気や自信が、ちょっぴり無いお友達の皆さん、心の中で言ってみて！「あたし、完璧！」

キュアベリーのファッションここがスキ！

変身シーンの、バレリーナのようなスケーター？のような綺麗でスタイリッシュな演出が素敵です。「フレッシュ」チームのコスチュームは、南国感だったり、さわやかでコケティッシュなイメージのデザインなので、可愛いです♪

チェインジ・プリキュア・ビートアップ!
ブルーのハートは
希望のしるし!

つみたてフレッシュ
キュアベリー!

蒼乃美希《あおのみき》

私立鳥越学園中等部2年生。おしゃれが大好きで美意識が高く、ファッションモデルになるのが夢。シェイプアップのためにラブのダンスユニットに参加。「あたし、完璧!」

美希が変身するプリキュア。離れて暮らしている弟の和希と一緒にいたとき、イースによってナケワメーケが出現。和希だけでも助けたいと頑張る美希の心にピックルンが反応。ブルンの力で希望の戦士プリキュアになる。手をスペードの形にして決め技を放つ。

フレッシュプリキュア！

チェインジ・プリキュア・ビートアップ！
イエローハートは祈りのしるし！

とれたてフレッシュキュアパイン！

祈里が変身するプリキュア。自分の家の動物病院で治療して元気になった犬のラッキーがイースによってナケワメーケにされて、襲いかかってくる。そのとき立ち向かった祈里はキルンの力で祈りの戦士プリキュアになる。手をダイヤの形にして決め技を繰り出す。

Cure Pine

山吹《やまぶき》祈里《いのり》

私立白詰草女子学院中等部2年生。動物好きで獣医になるのが夢。おとなしい性格で、なかなか自分に自信が持てず、その性格を変えるためにラブのダンスユニットに参加。「私、信じてる！」

キュアパイン

パインのコスチュームも、基本型であるピーチの派生型。特にボディからスカートへのフォルムやブーツまわりのデザインにピーチとのペア感を意識。イエローがテーマカラーだが、ややオレンジよりの色味になっている。

変身後は金髪になりリボンも大きく変化

サイドにポイント結びを作ったヘアスタイルは、当時人気だったタレントの髪型を参考にしている。アシンメトリーなデザインで、軽やかな動きや元気さを表現。

ローウエストでふっくら感を

ウエストの下でボディがスカートに切り替わる部分にギャザーを寄せ、気持ちふっくらした体型に見せている。スカートをはね上げて元気なイメージも。

レースアップは当時のトレンドを意識

当時大人気だった『パイレーツ・オブ・カリビアン』を思わせるようなレースアップ（編み上げ）ディテールと女の子らしいフリルをミックスしている。

肩まわりは天使の羽をイメージ

共通デザインのレースアップやステッチを使いつつ、肩まわりには天使の羽をイメージしたフリルを。ピーチよりもややゆったりとしたデザイン。

全体に丸みがありふんわりしたイメージ

パインは女の子らしいふんわり感を意識し、丸みのあるパーツを多くしている。防御コスチュームの一部であるアームカバーも鉄球のように丸い。

CV. 中川亜紀子さんに聞きました

パワーをもらえるキュアパインのコトバ

“絶対に（このまま）終わらないって私信じてる！”

最後の決戦での「絶対に（このまま）終わらないって私信じてる！」強い眼差しのパイン！

キュアパインのファッションここがスキ！

ブーツの先！　パインのだけは丸みがあって、着地の音もちょっと違うのです……。

キュアパッション

最初はピーチたちと同じパターンのコスチュームを考えていたが、後から変身するプリキュアとしては地味な印象になってしまうため、パターン違いを考案。敵キャラからの異例の変身であることもあり、あえて肌の露出は控えめにした。

天使を思わせる白い羽の飾り

顔まわりは短めショート風、後ろから見るとロングに見えるヘアスタイル。カチューシャの羽飾りは機械っぽいデザインだったのを、柔らかく変更。

色のグラデーションでひときわゴージャスに！

共通のレースアップモチーフをあしらったドレスは後ろが長く、裾に向かって色が濃くなるグラデーションも特徴。悪から生まれ変わったパッションの変化を思わせる。

当初はピーチたちと似たコスチュームだった

もともとの案はミニ丈のコスチュームで、両サイドをレースアップ、センターにリボン、スカートも1段というデザインだったが、ガラリと違うスタイルに。

甲冑を意識した新デザイン！

後から登場する際のインパクトを考え、コスチュームはハードな甲冑をイメージ。最終的に前垂れやバスト部分は変更されたが、肩の部分などに名残をとどめている。

真面目な性格を表して肌の露出は控えめ！

後からの登場を目立たせる意図もあり、パッションの衣装は、ピーチたちとは対照的に肌を見せないデザインに。ストイックな雰囲気が性格にもマッチ。

CV. 小松由佳さんに聞きました

パワーをもらえるキュアパッションのコトバ

“人は、やり直せる”

失敗してもOK！　精一杯頑張れば必ず幸せになるから！

キュアパッションのファッションここがスキ！

敵時代、イースの手袋と長い靴下が女の子らしくて、かっこ良くて大好きです。

チェインジ・プリキュア・ビートアップ！
真っ赤なハートは幸せのあかし！

うれたてフレッシュ
キュアパッション！

Cure Passion

せつなが変身するプリキュア。ラビリンスの幹部イースとしてピーチたちと戦っていたが、イースは総統メビウスによって寿命を迎える。死を迎えたことでアカルンの力によりせつなを本来の姿とし、幸せの戦士プリキュアになる。パッションハープを呼び出して、決め技を放つ。

東《ひがし》せつな

イース

せつなはラビリンスの幹部イースがラブたちを欺くための仮の姿だったが、プリキュアとなり、ラブたちの仲間になる。ラブの家に住み、公立四つ葉中学校へ転入した。「精一杯がんばるわ！」

Transform items

Column 2

変身アイテム①

2000年代初めのガラケー全盛期、プリキュアの変身アイテムもケータイ型が主流。開けたり閉めたり、ケータイそっくりのギミックが子ども心をわしづかみ！

デュアル・スピリチュアル・パワー！

ふたりはプリキュア Splash☆Star

ミックスコミューン

きらっと光るハートジュエルが印象的。2枚のプリキュアダイヤカードをセットしたら、ゴールドのプリキュアディスクをくるっと回してミックススピン★　アニメ同様、ミックスコミューン同士で通信が可能。

プリキュア・メタモルフォーゼ！

Yes！プリキュア5

ピンキーキャッチュ

シリーズ唯一の腕時計型。ココといっしょに、妖精ピンキーをキャッチして集めて遊んだり、付属のシートで5人それぞれのキャラクターカラーに着せかえたりすることもできる。日時や名前の設定が可能。

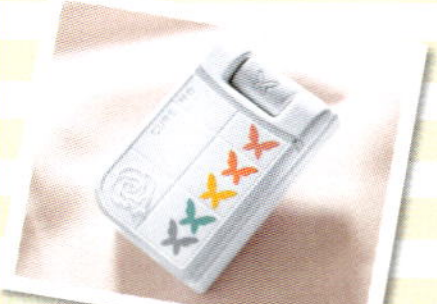

Yes！プリキュア5 Go Go！

キュアモ

5つの蝶とローズパクトの力が生み出した新しい変身アイテム。90度回転させればパルミンショット、スイッチタッチでシロップとも遊べる。プリキュアたちから電話がかかってくるスペシャルモードあり。

デュアル・オーロラ・ウェイブ！

ふたりはプリキュア

カードコミューン

カードをスラッシュする変身遊びはもちろん、メップル・ミップルのお世話もできる。パーツをチェンジすれば、ブラックにもホワイトにもなれるコンバーティブルさが画期的。女の子向けカードゲーム流行のさきがけ。

ふたりはプリキュア Max Heart

ハートフルコミューン

カードコミューンがパワーアップ！　カードがハート形に進化し、はじめてキャラクターの音声が収録され、メップルとミップルがアニメと同じ声で話しかけてくる。センサー内蔵で、手をかざして遊ぶ機能も。

2010-2011

ハートキャッチプリキュア！

キャラクターデザイン：馬越嘉彦

希望ヶ花市に引っ越してきた中学２年生の花咲つぼみ。
新しい環境をきっかけに、引っ込み思案な性格を変えようと思っていたが、
緊張していつもより内気な態度になってしまう。そんなつぼみを見た同じクラスの来海えりかは、
つぼみに近づく。そこへ妖精シプレとコフレ、砂漠の使徒サソリーナが現れ、
えりかを襲うと、つぼみはプリキュアに変身。仲間とともに砂漠の使徒に対峙する。

キュアブロッサム

キャラクターデザインの方向性がそれまでと変わった本作。1年あれば馴染んでもらえると考えた。ブロッサムに変身する主人公の花咲つぼみの、花を愛する設定からドレスも花モチーフに。

Fashion Point

スカートは大きな花びらがモチーフ

ブロッサムの名前にちなんで、スカートは咲いた花のように花びらが重なるデザイン。濃淡のピンクを合わせ、最小限の影でアクセントをつけている。

ブーツのデザインで個性を発揮

脚のラインにそうシルエットは全員共通。丈やデザインがそれぞれ異なり、ブロッサムはトウ切り替えやパイピングをポイントにシンプルにデザイン。

やや頭頂部を盛ったポニーテール

変身して髪色が変わるとイメージも変わってしまう恐れがあったが、同系色にすることで連動感を出した。ブロッサム他3人は〝カドがある〟ヘアが特徴。

袖のデザインもつぼみっぽく

袖は、すずらんの花のようなデザイン。すっきりしたコスチュームだからこそ、手首や足首、髪飾りなどの花モチーフが際立っている。

動きの中でどう可愛く見せるか

アニメは一枚で見せる絵とは違う魅力があり、作画の連続で動きを可愛く見せられる。作画枚数を増やしやすい、シンプルな絵柄にしたのはそのため。

Side Back

CV. 水樹奈々さんに聞きました

パワーをもらえるキュアブロッサムのコトバ

“くらえ！　この愛!!”

敵を倒すのではなく、愛の力で浄化するという「ハートキャッチ」シリーズを象徴するセリフで大好きです！

キュアブロッサムのファッションここがスキ！

お花モチーフになっているスカート♡花びらのようなデザインがとても可愛いです♡

プリキュア!
オープンマイハート!
大地に咲く一輪の花!
キュアブロッサム!

Cure Blossom

つぼみが変身するプリキュア。サソリーナに襲われ「こころの花」を奪われた同級生のえりかを救いたいと思ったつぼみ。その心に反応したココロパフュームにより大地の戦士プリキュアになる。ブロッサムタクトを使って決め技を繰り出す。「私、堪忍袋の緒が切れました!」

花咲《はなさき》つぼみ

私立明堂学園中等部2年生。引っ込み思案な性格にコンプレックスを持つ。植物が好きで園芸部にいたが、えりかの誘いでファッション部に入部。ことわざや四字熟語が得意。

プリキュア！オープンマイハート！
海風に揺れる一輪の花！
キュアマリン！

えりかが変身するプリキュア。ファッション部があるのでプリキュアにはなれないと断っていたが、デザトリアンに苦戦するブロッサムを見て、プリキュアになることを決意。海の戦士プリキュアへと姿を変える。「海より広いあたしの心も、ここらが我慢の限界よ！」

来《くる》海《み》えりか

私立明堂学園中等部２年生。母親がファッションショップ「フェアリードロップ」を経営していることもあり、ファッション部に所属。明るく前向きな性格で、人をひきつける。

Cure Marine

キュアマリン

ファッションデザイナーを目指す来海えりかが変身するキュアマリン。もうひとりのヒロインであり、元気いっぱいのキャラクター。ブルーの濃淡と白を組み合わせ、明るく快活な雰囲気を出している。

髪はロングヘア&薄いカラーにチェンジ!

当初はブロッサムと同じく、盛り髪の予定だったが、結ばないダウンヘアに。後ろから見たとき重く見えないよう、毛束は2つに割れている。

基本型はブロッサム!背中のデザインも同じ

ブロッサムと対をなすデザイン。胸のリボンはマリンのほうが長いが、背中が深く開き、レースアップになったバックシャンなデザインは2人に共通。

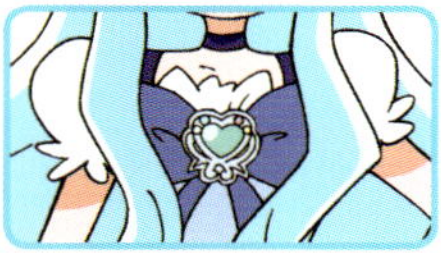

並んだときを考えて身長は低めに設定

身長はキャラクターの個性を出す際にも大切なポイント。マリンは身長を低めに設定しているので、ムーンライトと並んだときはとくに身長差が際立つ。

ほんのりV字を描く前髪が大きな瞳を強調

キャラクターごとに違う前髪のデザインにも注目。ほんのりVラインを描くように切りそろえた前髪が、マリンのたれ目気味な大きな瞳を強調している。

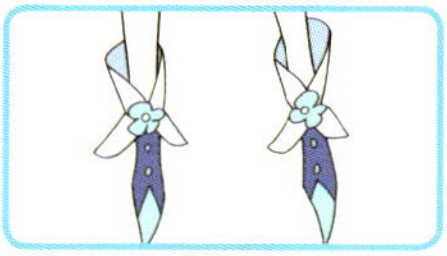

ショート丈にしてブロッサムと差別化

足元はブロッサムと対照的にショートブーツを。足首部分をくるりとラッピングしたようなデザインがポイントに。白のニーハイソックスで露出をカバー。

CV. 水沢史絵さんに聞きました

パワーをもらえるキュアマリンのコトバ

来ちゃったかな……
あたしの時代が……!

マリンらしくて大変よろしいと思います。

キュアマリンのファッションここがスキ!

青いハートのティアラと、水色の長〜い髪の毛。変身バンクの香水をシュッとしてティアラが出るところ、表情含めて最高にかわいいです。

キュアサンシャイン

３番目に登場するのが、明堂院いつきが変身するキュアサンシャイン。「ふだんは男装しているが、本当は女の子らしい服を着てみたい」という思いを、思い切り可愛いディテールで表現している。

Fashion Point

本作ただひとりのへそ出しスタイル

変身前のストイックな学生服姿からのギャップでインパクト大！　セパレートで露出度の高いコスチュームは、ムーンライトとの差別化狙い。

リボンやフリルで可愛さ盛り盛りに！

ふだんは隠しているものの、実は可愛いものが大好きという設定を、リボンなどの装飾を増やすことで強調。袖口や首の後ろにもリボンをあしらっている。

後から登場する場合の差別化がテーマ

３人目のプリキュアであるサンシャインはインパクトが必要なキャラクター。ヘアスタイルもガラリと変え、ディテールもやや付け足し、目立つようにした。

ツインテールは女の子らしさの象徴！

変身前は茶のショートカット。変身後はマッシュルーム風の顔まわりに大きなツインテールを加えた。髪の量の変化がいちばん大きいのもサンシャイン。

ハイライトの入った胸元のリボンに注目！

キュアサンシャインの名前にちなんで、コスチュームは輝くイエローがテーマカラー。胸元のリボンにも、他のプリキュアにはないハイライトが！

Side　Back

CV. 桑島法子さんに聞きました

パワーをもらえるキュアサンシャインのコトバ

“その心の闇、私の光で照らしてみせる！”

絶望を希望に変える、サンシャインのポジティブパワー！

キュアサンシャインのファッションここがスキ！

やはりへそ出しでしょうか（笑）。彼女のスタイルの良さが際立つポイントだと思います。

Cure Sunshine

プリキュア!
オープンマイハート!
陽の光浴びる一輪の花!
キュアサンシャイン!

　いつきが変身するプリキュア。兄のさつきがデザトリアンにされ、ブロッサムたちが倒されてしまう。そのときみんなを守りたいと思ったいつきの心に反応し、シャイニーパフュームが現れ、いつきは太陽の戦士プリキュアになる。「その心の闇、私の光で照らしてみせる!」

明堂院《みょうどういん》いつき

私立明堂学園中等部2年生。兄のさつきにかわって明堂院流を継ぐために日々稽古に励み、男装している。生徒会長を務めながら、つぼみたちの勧誘でファッション部へも入部。

プリキュア!
オープンマイハート!
月光に冴える一輪の花!
キュアムーンライト!

Cure Moonlight

月影《つきかげ》ゆり

私立明堂学園高等部2年生。頭脳明晰、容姿端麗でどこか冷めたところがある。えりかの姉でモデルのももかとは友達。植物学者の父親は行方不明で、母親と2人で暮らしている。

ゆりが変身するプリキュア。かつてダークプリキュアと戦い、サバーク博士にコロンを倒されて敗北。しかしこころの大樹に起こった奇跡でコロンが復活し、ゆりがプリキュアの種をかかげて祈ると、月の戦士プリキュアになる。「全ての心が満ちるまで、私は戦い続ける!」

キュアムーンライト

高校2年生の月影ゆりが変身するプリキュア。他の3人との差別化を意識して、ヘアスタイルやドレスの雰囲気もガラリと変えている。シャープさと柔らかさがミックスされたようなコスチューム。

年上感を出すため切れ長っぽい目元に

ブロッサムたちとの年齢の違いを出すため、目は横幅を長めにとり、切れ長感を出している。あまり大きく笑わず、お姉さんっぽい憧れ感を演出している。

ドレスはAラインでドレープたっぷり

プリキュアの中では貴重な、長めスカートの縦落ち感でシャープな印象。スカートは、フリルのようなドレープで、ゴージャスに見せている。

髪はどこにアクセントを作るかにかなり悩んだ

他の3人との差別化を考え、髪の一部をシャープにして印象を変えた。流れるようなラインと毛束感は変身前にも通じるが、はね上がった前髪が強い意志を感じさせる。

アシンメトリーな手元が大人っぽい

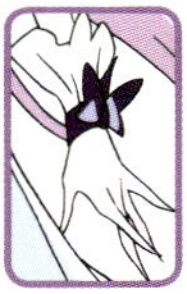

左右でデザインと長さの違うグローブと飾りを着用。神秘的な美しさや大人の魅力、迫力を感じられるようになっている。

ブーツはサンシャインとほぼお揃い!

レースアップのブーツは、サンシャインとお揃い。リボンステッチの足元と対応するように上半身にもリボンラインが使われている。

CV. 久川綾さんに聞きました

パワーをもらえるキュアムーンライトのコトバ

“私は戦う! みんなの笑顔を守るために!”

ムーンライトが復活するお話では、個人的にもやっと変身できるうれしさもあって、万感の思いで放った台詞で忘れられないですね。

キュアムーンライトのファッションここがスキ!

ムーンライトのスカート、前が短くて後ろが長めで彼女らしくてすごく好きです。あと、ゆりのメガネ。えりかにスリーサイズを言われて固まるシーンなど、ギャグシーンのアイテムになって好きです。でもメガネの奥の瞳を写さないで神秘的やシリアスなシーンにも使われますよね〜キラって。そういうのもかっこいいし☆ ゆりは感情を表に出さないからなおさらメガネがどんな表情してるか参考にしてました。

Column 3

なりきりキャラリートキッズ②

実際に子どもたちが着たときに、バランスよくかわいく見えること、洋服として無理なく動けることをポイントに商品化されている。

Yes！プリキュア5

キュアドリーム

チアリーダーを意識したお揃いのコスチューム。スカートはそれぞれ丈やボリューム感が異なる。キュアレモネードはスカートのボリュームを再現するためにバルーンスカートを取り入れるなど、アニメ設定にはない一工夫を入れて商品化される衣装も多い。

Yes！プリキュア5 Go Go！

キュアドリーム

チーム感が強調された5人のコスチュームは、鼓笛隊をイメージしてデザインされたジャケット風のトップス。後から登場のミルキィローズは、それまで女児向け商品ではあまり採用されなかった紫色をはじめて使って作られた挑戦的なコスチュームで大人気となった。

2007-2008

2008-2009

2009-2010

2010-2011

フレッシュプリキュア！

キュアピーチ

中世ヨーロッパ貴族のドレスのイメージと、当時流行っていたパイレーツ風の着こなしからヒントを得てデザインされた、今でも人気の高いコスチューム。玩具商品開発にあたって行われた、徹底した流行調査が反映された例。

ハートキャッチプリキュア！

キュアブロッサム

キャラクター設定では花びらがかたどられたスカートだが、中にバルーンスカートを入れてボリューム感を表現したところが最大のポイント。オーガンジーの花びらのフチをラメの糸でかがり、かわいさを格段にアップさせている。

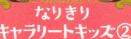

2011-2012

スイートプリキュア♪

キャラクターデザイン：高橋 晃

加音町の私立アリア学園中学校に通う北条響と南野奏。
幼い頃は仲良しだったのに最近はケンカばかりのふたりのもとに、音楽の国メイジャーランドから
ハミィという歌の妖精が現れる。
悪の王メフィストが伝説の楽譜を奪い、幸福のメロディを不幸のメロディに書き換えようとしているので、
ふたりに伝説の戦士プリキュアになって助けてほしいという。響と奏は心をひとつにし、
プリキュアに変身して戦いに臨む。

キュアメロディ

少女マンガ風の繊細なタッチと、キラキラした雰囲気を意識してデザインされたシリーズ。音楽とスポーツが大好きな主人公、北条響が変身するキュアメロディのコスチュームは、ピンクと白を基調にしたワントーンスタイル。

Fashion Point

ボリューム満点のツインテール

ボリューミーなツインテールは、結び目に三つ編みを巻きつけているところもポイント。リボンに加え、テール部分も巻き髪にして、華やかさ満点！

お腹がチラ見えするセパレートデザイン

メロディの上半身は華やかなフリルがたっぷり。少しの肌見せが抜けになり、軽快な印象に。ただ、おへそはハイウエストスカートの下に隠れている。

華やかなフリルの段々はなんと５層！

とにかく女の子っぽい要素をたくさん入れようという意図で、スカートのフリルは５層構造！「センターを張れる華やかなコスチューム」を志向している。

ラインソックスから伝わるスポーツ愛

音楽とスポーツが好きな一面をスニーカー風のショートブーツとライン入りソックスで表現。ピンクベースでも活発なキャラクター性が伝わる。

目指したのは少女マンガのキラキラ感！

「目がぱっちり開いていて、キラキラしている」という少女マンガっぽさがテーマ。手足もやや細く華奢で、肉感的ではないキャラクターを目指した。

Side Back

CV. 小清水亜美さんに聞きました

パワーをもらえるキュアメロディのコトバ

“世界が平和になっても、悲しみは消えない”

だけど、私達が前を向いて歩むことで、悲しみの分だけ幸せを感じることが出来る。人に優しく、自分に負けず、笑顔で生きることも、一つの戦い。自分の心の悪者に負けないように生きることが、大人になった私達の戦いで。負けなければ自分だけじゃなく、お友達や周りのみんなも一緒に笑顔になれるんだなと思いました。

キュアメロディのファッションここがスキ！

頭のリボンが好きです。胸のリボン、足のリボンと、たくさん付いていて、女の子の夢が詰まっているな、という中で、頭のリボンは大人になると身につけにくくなるので、今の自分が思う「良いな」です(笑)。

レッツプレイ！ プリキュア・モジュレーション！ 爪弾くは荒ぶる調べ！ キュアメロディ！

Cure Melody

響が変身するプリキュア。幼い頃、奏と一緒に調べの館を訪れたとき、奏が持ってきた思い出のレコードをネガトーンにされてしまう。「絶対に許せない！」という気持ちが心の中のト音記号を光らせ、プリキュアへと姿を変えた。「ここで決めなきゃ、女がすたる！」

北条《ほうじょう》響《ひびき》

私立アリア学園中学２年生。曲がったことが嫌いで正義感が強く、元気で活発。甘い物が好きで、特に奏の作るケーキが好き。父は音楽教師、母はバイオリニストという音楽一家。

レッツプレイ！
プリキュア・モジュレーション！
爪弾くはたおやかな調べ！
キュアリズム！

奏が変身するプリキュア。響との思い出のレコードを持って、幼い頃に響と一緒に遊んでいた場所を訪れたとき、セイレーンにレコードに隠れていた音符をネガトーンにされてしまう。響と同様に心の中のト音記号が光り、プリキュアへと姿を変える。
「気合のレシピ、見せてあげるわ！」

Cure Rhythm

南野《みなみの》奏《かなで》

私立アリア学園中学２年生。おとなしく見えて、こだわると譲らない頑固さも持つ。お菓子作りが得意でスイーツ部に所属。父がケーキ職人で、家がカップケーキショップを経営。

キュアリズム

もうひとりの主人公でもある南野奏が変身するキュアリズムは、キュアメロディとの対比で作成していったキャラクター。メロディの衣装を反転させたような配色やデザインを基調に、ディテールで違いを出している。

Fashion Point

ウエストのリボンの位置はメロディの逆

メロディの衣装と共通モチーフも多いが、袖はパフスリーブ、お腹の肌見せはなしなど性格に合わせて上品にアレンジ。ウエストのリボンは逆側についている。

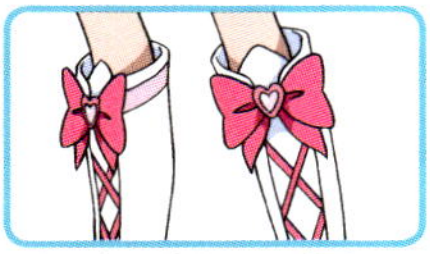

すっきりきれいに見えるロング丈のブーツ

つま先の切り替え＆レースアップがスニーカーを思わせる点はメロディに通じるが、オーソドックスできれいめなロング丈なところは真面目なリズムらしい。

前作との違いを意識し足し算のデザインに

前作の「ハートキャッチ」がシンプルなデザインだったので、違いを出したいと考え、たっぷりのフリルが印象的で華やかなプリキュアに。

おっとりした性格をたれ目で表現

活発で正義感が強いメロディがつり目なのに対し、おっとりとして真面目なリズムはたれ目。優しい表情の中にも芯の強さを感じさせる。

シルエットでも映える髪の房の表現が誕生

本作の特徴的なデザインのひとつ、髪先が丸まっている房の表現は、リズムのデザイン過程で生まれた。ボリューム的にもシルエット的にも映える。

Side Back

CV. 折笠富美子さんに聞きました

パワーをもらえるキュアリズムのコトバ

刻みましょう、大いなるリズム

心の中にある幸せのメロディは自分のリズムで作り上げてほしいなって思います。それがあなたの個性になると思うから。

キュアリズムのファッションここがスキ！

白色！　全ての色に合う色だもの!!　あと、「スイート」はみんな変身バンクのリボンが結ばれる動きが可愛くて好きです。

キュアビート

キュアビートは、妖精の姿であるセイレーンを先にデザイン。プリキュアのイメージも「ギターを弾く、少し渋めのキャラクター」と決まっていたが、本編が進むにつれ、イメージはどんどん変わっていった。

クラシカルな立ち襟が歌姫っぽい？

上半身のパフスリーブや立ち襟が、クラシカルな歌姫の衣装を思わせる。ミューズとも共通の長いリボンが、猫のしっぽのように垂れているのもポイント。

4人の中でいちばんフリルの量は多め

クール系でも、実は誰よりもフリルの量が多いのがビート。スカートも6段フリル、ブーツのはき口にもたっぷり。足首に結んだリボンが猫の首輪っぽい!?

変身前のヘアにもさりげないモチーフが

妖精が変身するプリキュアはシリーズでも異色の存在。猫の姿から変身した人間、黒川エレンの頭には、セイレーンの「S」を示す髪飾りが飾られている。

サイドテールでとんがった雰囲気に

高い位置のサイドテールには羽飾りのついたリボンを。メロディとリズムは結び目に三つ編みを巻きつけているが、ビートはシンプルな結び方でクールな印象。

リストバンドの長さも細かく設定

ミューズ以外は共通のリストバンドも、長さが細かく設定されている。手首から肘までの2/3を覆う長さで、肘側にはそれぞれ違うフリルがついている。

CV. 豊口めぐみさんに聞きました

パワーをもらえるキュアビートのコトバ

私は、プリキュアになりたい!!

セイレーンが悩んで悩んで……やっと言えたセリフでしたので。

キュアビートのファッションここがスキ！

「スイート」のお洋服はみんなヒラヒラしててかわいいです！キュアビートもカッコ可愛くて大好きです!! 変身シーンもとても素敵で気に入ってます！

Cure Beat

レッツプレイ！
プリキュア・モジュレーション！
爪弾くは魂の調べ！
キュアビート！

エレンが変身するプリキュア。トリオ・ザ・マイナーに捕らえられそうになったハミィを見たとき、プリキュアの心である正義の心が芽生え、無意識にプリキュアへと変わる。最初は戸惑うが、ハミィを思う心から「キュアモジューレ」が出現。「心のビートは、もう止められないわ！」

黒川《くろかわ》エレン

メイジャーランドの元歌姫・セイレーン。友達思いで頑張り屋さん。人間界のことも本を読んで勉強する。嫉妬心からハミィを憎んで敵となっていたが、生まれ変わった。

レッツプレイ！
プリキュア・モジュレーション！
爪弾くは女神の調べ！
キュアミューズ！

Cure Muse

アコが変身するプリキュア。心を悪に染められた父メフィストを救うため、仮面をつけていた姿を見せて、父を取り戻すため戦うことを決意する。その強い気持ちがメフィストを元の姿へと戻すことになる。その後はプリキュアとしての使命を果たすために加音町に留まることに。「女神の調べで包んでみせる！」

調《しら》辺《べ》アコ

市立加音小学校３年生。３人の中でいちばんの年下だが、誰よりもしっかりしている。メイジャーランドのお姫様で、父はメフィスト、母はアフロディテ。

キュアミューズ

4人目のプリキュアであるミューズ。メイジャーランドの王女さまという設定だったので、他の3人とは異なるバルーンスカートやケープデザインなども取り入れ、気品や王族っぽさのあるアプローチにチャレンジした。

Fashion Point

ティアラのハートは黒ミューズと共通

ティアラには、物語の中盤で登場する謎のプリキュア「黒ミューズ」との関わりを示すハートが。ゴージャスなオレンジヘアはボリュームもたっぷり！

王女らしい気品ある着こなし

ミューズの上半身は、王女らしいケープとドレッシーなブラウス袖が特徴的。ひとりだけリストバンドがないが、その分袖が伸び、手の甲までをカバー。

取り入れてみたかったバルーンスカート

某アーティストがCDジャケットで着用していたスカートがヒントに。上半身は細く、お尻でボリュームアップするシルエットはミューズならでは！

ひざ下丈のリボン付きブーツに可愛さを凝縮

4人の中でいちばん大きなリボンを飾ったひざ下丈ブーツ。ミューズの愛らしさをストレートに表現したデザイン。

シリーズ初の小学生プリキュア

ミューズはシリーズ初の小学生プリキュアとしても話題に。変身前は、謎の老人・音吉さんの孫という設定なので、音吉さんと同じメガネをかけている。

Side Back

CV. 大久保瑠美さんに聞きました

パワーをもらえるキュアミューズのコトバ

“爪弾くは女神の調べ、キュアミューズ！”

ずっと憧れていた名乗りのセリフは、何度言っても、何年経っても最高のままです！

キュアミューズのファッションここがスキ！

プリキュア変身時のバルーンスカートがお気に入りです！ロングスカートがふわっとバルーンスカートに変わるところは必見です。

Transform items

Column 4

変身アイテム②

2010年からはモチーフが多様化し、本体が光るものも。キーを使ったり、ジュエルを入れて香水のようにプッシュしたり、遊び方もいろいろ！

2011-2012

レッツプレイ！プリキュア・モジュレーション！

スイートプリキュア♪

キュアモジューレ

プリキュアが胸につけている変身ブローチ。音楽のプリキュアらしく、オカリナキーを押して演奏遊びもできる。セットするフェアリートーンによっておしゃべりやメロディが変わるので、集めてたのしむ要素も。

2012-2013

プリキュア・スマイルチャージ！

スマイルプリキュア！

スマイルパクト

立体的なリボンがあしらわれた、かわいいコンパクト。ハートのジュエルがおしゃれなパフでキュアデコルをタッチすると、それぞれのプリキュアカラーにパフが光る。うらないやかくれんぼなど、何度も遊べる7種のゲームも収録。

2013-2014

プリキュア！ラブリンク！

ドキドキ！プリキュア

ラブリーコミューン

スマートフォンのように、指で「L・O・V・E」と画面をなぞって変身！ハートモチーフがたくさんちりばめられた、“ハート”がメインのデザイン。シャルルたち４人の付け替え可能なフェイスカバーがとってもキュート。

2009-2010

チェインジ・プリキュア・ビートアップ！

フレッシュプリキュア！

リンクルン

クローバーキーを差し込むとカチャッと開く“ケータイ手帳”。ラブたちのように、水色のローラーを回してシフォンのお世話ができる。液晶画面は過去最大サイズに。変身モードにすれば、プリキュアがかっこよく登場！

2010-2011

プリキュア！オープンマイハート！

ハートキャッチプリキュア！

ココロパフューム

ゴールドの飾りにバラの花のデザインが美しい。本物の香水のように、シュシュッとふりかけける変身遊びもロマンティック。光る機能がはじめて搭載され、ピンク・レッド・グリーン・ブルー・オレンジの輝きにテンションアップ！

2012-2013

スマイルプリキュア！

キャラクターデザイン：川村敏江

七色ヶ丘中学校へ転入してきた星空みゆきは、
おとぎの国「メルヘンランド」からやってきたキャンディという妖精と出会う。
キャンディは世界をバッドエンドに変えようとする悪者たちから世界を守るため、
伝説の戦士プリキュアを探しているという。みゆきがスマイルパクトを使ってみると、
なんとプリキュアに変身！　仲間と力を合わせ、みんなの明るい笑顔を守っていく。

キュアハッピー

「Yes！プリキュア5 Go Go！」以来、ひさびさにキャラクターカラーにグリーンが復活したシリーズ。色の持つイメージを掘り下げつつ、シルエットをわかりやすく。ハッピーは明るく、おっちょこちょいなキャラ。

Fashion Point

ほぐした三つ編みを大胆にアレンジ

当時の流行だった「ほぐした三つ編み」から発想。それだけだと地味なので、動きを出しつつ、左右に小さく髪を結び、触角のようなアクセントにした。

揃いの衣装はマーチングバンド風

お揃いのコスチュームは、肩章風のディテールや、パネルを合わせたようなデザインに、マーチングバンドのコスチューム風の意匠を取り入れている。

ブーツは全員白をベースに

ベースを白で統一し、ひと目でチームとわかる一体感を出している。ハッピーはつま先とヒール、折り返し部分をピンクで合わせ、赤リボンを飾っている。

センターの“華”をどうやって出すか

絵本好きな女の子で、三つ編みをモチーフにしたが、どう華やかに見せるか悩んだ。三つ編みのボリュームや、ほぐし方を調整し現在の形に落ち着いた。

パネルっぽいトップスにスカートを重ね着

ワンピースに見えるコスチュームは、実は上下に分かれるセパレート仕様。パネル風トップスの下に、ハイウエストのフリルスカートをはいている。

Side　Back

CV. 福圓美里さんに聞きました

パワーをもらえるキュアハッピーのコトバ

“みんな元気で
ウルトラハッピー”

もうこれに尽きます。みんなが幸せで私も幸せ。
素敵な口ぐせです。

キュアハッピーのファッションここがスキ！

頭の羽がかわいくて好きです。
プリンセスフォームもかわいい！

スマイルプリキュア！ SMILE PRECURE!

プリキュア・スマイルチャージ！
キラキラ輝く未来の光！
キュアハッピー！

みゆきが変身する聖なる光の力を持つプリキュア。本が並ぶ不思議な世界に迷い込んだみゆきは、ウルフルンに襲われたキャンディを助けたときに出現したスマイルパクトによって、プリキュアになる。スマイルパクトに気合をこめて「プリキュア・ハッピーシャワー」を放つ。

星空《ほしぞら》みゆき

七色ヶ丘中学校２年生。明るくて元気いっぱい。失敗しても落ち込まず、常に前向きに進んでいく。絵本は大好きでも勉強は苦手。嬉しいときに出る口癖は「ウルトラハッピー！」

プリキュア・スマイルチャージ！
太陽サンサン
熱血パワー！
キュアサニー！

Cure Sunny

あかねが変身する炎の力を持つプリキュア。バレーボールの特訓で仲良くなったみゆきがキュアハッピーだと気付き、アカンベェに襲われたみゆきを助けようとしてプリキュアになる。「プリキュア・サニーファイヤー」で敵を浄化し、みんなをバッドエンドから救う。

日《ひ》野《の》あかね

七色ヶ丘中学校2年生。バレーボール部に所属するスポーツ好きで、熱い心の持ち主。関西弁でノリがよく、人を笑わせるのが得意。家はお好み焼き屋「あかね」を経営している。

キュアサニー

オレンジがテーマカラーで、熱血漢ではねっかえりなキャラクター。本作ではシルエットでもキャラクターらしさを強く表現しようと意識しているが、変身後も髪が短いサニーは、その試みが最もよく表れている。

くせ毛が伸びたようなショートヘアが新鮮！

変身後はロングヘアになることが多いプリキュアだが、サニーは珍しくショートヘアのまま。根元で一度結んではいるが、ショートの子も真似できる要素を作った。

ショートヘアの耳元はイヤーカフス

耳元のアクセサリーの細やかなデザインも今シリーズの特徴。活発なサニーの耳元は、シンプルなイヤーカフスで媚びない女の子らしさを表現。

サニーとマーチはフリルなし！

お揃いコスチュームながら、ディテールで性格の違いを表現。ふたりのスカートにフリルがないのは、活発さやボーイッシュな性格を反映している。

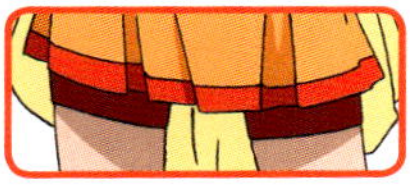

アームカバーがいちばん長い！

アームカバーのデザインも個性を出しやすいパーツのひとつ。サニーは、血の気の多さややる気を反映して(?)、５人の中でも最も長い丈で腕をガード！

短い髪の子だってプリキュアになりたい！

「ショートヘアの子だってプリキュアになりたいはず！」との思いを通したサニーの髪型。パワーアップフォームではロングに。

Side　Back

CV. 田野アサミさんに聞きました

パワーをもらえるキュアサニーのコトバ

“太陽サンサン熱血パワー”

「太陽サンサン！ 熱血パワー！ キュアサニー！！」この中の「太陽サンサン熱血パワー」このセリフが大好き。そして、あかねをプリキュアにしてくれた言葉。なにより、元気そのものなこの言葉が私はお気に入りです！

キュアサニーのファッションここがスキ！

サニーのニシシと笑う笑顔がとびっきりで大好きです!!! 時にほっぺや頭をぽりぽりしてる姿もたまらなく好き。あげだしたらキリがない！笑

キュアピース

引っ込み思案な性格のピースは、髪型が最大のポイント。「顔を出すのが恥ずかしい」という内気さを、おでこと両側のほおをしっかりガードしたヘアスタイルで表現。頑固な一面も伝わってくるデザインになった。

Fashion Point

ボブが大きなキノコにボリュームアップ

最初はボブヘアで考えていたが、高さやボリュームを出そうとポニーテールを変形させているうちに、大きなキノコが誕生！　ハマりが良くて決定。

アームカバーはいちばん短い

やや小柄な設定のピース。アームカバーはやや短めに設定。バランスを取るようにブーツ丈も短めに。

子どもたちが真似しやすいところを作る

「子どもたちが影響を受けて、ごっこ遊びをしてくれたら嬉しい」との思いから、髪型やコスチューム、アクセサリーまで、取り入れやすいところを作っている。

肩章部分や頭飾りには天使っぽい羽のイメージ

共通ポイントのマーチングバンド風の肩章を軽くできないかと検討した結果、羽をつけるアイデアが生まれた。キャラによって少しずつ表情が異なっている。

背中部分はあえてシンプルなデザインに

シリーズによってはバックシャンデザインも採用するが、本作はプリキュアたちの髪にボリュームがあったので、あえてシンプルにデザイン（下図参照）。

Side　Back

CV. 金元寿子さんに聞きました

パワーをもらえるキュアピースのコトバ

“ピカピカぴかりん、じゃんけんポン！”

変身の時の、「ピカピカぴかりん、じゃんけんポン！」。毎週、テレビの前のお友達が楽しんでくれていたらいいなと思いつつ変身していました。大人になっても、じゃんけんで物事を決めることって何気に多いですよね。笑。遊び心のある、お気に入りの部分です。

キュアピースのファッションここがスキ！

第38話で、コドモニナ〜ルで小さくなった皆が可愛くて大好きです。中身も子供になって、一生懸命変身している姿にやられました！

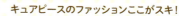

Cure Peace

プリキュア・スマイルチャージ!
ピカピカぴかりん
じゃんけんポン♪
キュアピース!

やよいが変身する雷の力を持つプリキュア。みゆきたちに応援されて描いたやよいの絵がアカンベェにされてしまい、みゆきとあかねが怒って変身。しかし２人がピンチに陥り、勇気を出したやよいもプリキュアになる。ピースは「プリキュア・ピースサンダー」で、見事にアカンベェを浄化する。

黄《き》瀬《せ》やよい

七色ヶ丘中学校２年生。引っ込み思案で泣き虫だが、芯が強くて人を思いやる心を持ち、一度した約束は必ず守る。絵や漫画を描くのが好きだが、恥ずかしがって人には見せない。

スマイルプリキュア!
SMILE PRECURE!

プリキュア・スマイルチャージ！
勇気リンリン
直球勝負！
キュアマーチ！

なおが変身する風の力を持つプリキュア。アカオーニが現れ、弟たちの心を暗くされてしまい、アカンベェに家族の絆をバカにされたことで、なおはプリキュアになる。マーチは抜群の運動神経でアカンベェを翻弄し、「プリキュア・マーチシュート」を放って浄化する。

Cure March

緑《みどり》川《かわ》なお

七色ヶ丘中学校２年生。６人きょうだいのいちばん上の姉で、面倒見の良い姉御肌。曲がったことは嫌いで女子サッカー部に所属するスポーツ万能な一面があるためか、女の子からも大人気。

キュアマーチ

グリーンをテーマカラーに持つマーチは、しっかりしたお姉さんキャラ。ボーイッシュでアクティブな性格をポニーテールで表現しているが、女の子らしさも残したくて髪飾りをつけている。

快活な雰囲気になるミックスヘアを採用

ショートボブ案もあったが、快活さを出すためツインテールとポニーテールをミックスしたヘアに。サイドの髪が前にせり出てくる"うっとうしさ"が味！

サニーとマーチのブーツはまるでリバーシブル？

サニーとマーチのコスチュームはほぼ同デザインの色違い。アームカバーやブーツの折り返し部分も、まるでリバーシブルのようになっていてユニーク。

ブーツ丈は最も短め！折り返しがおしゃれ

サニーとの対比を意識し、サニーのブーツを折り返したかのようなデザインになっている。裏地のグリーンが多めに見えるので、表情が違って見える。

並んだとき、グリーンがあると印象が締まる！

必ずしも子どもたちに好まれるカラーではないため、決定に至らない場合もあるグリーン。だが、メンバーが並んだときに必要なカラーとして今回は採用に。

バックテイル部分にキャラクター性を

後ろに垂れた部分があると、立ち姿が決まるだけでなく、アクションシーンでも躍動感がアップ。マーチとサニーはスカートにフリルがない分、ここがふわっ！

CV. 井上麻里奈さんに聞きました

パワーをもらえるキュアマーチのコトバ

“勝ち負けなんて気にしなくていいよ。一生懸命やってみよう”

一番大切なのは勝つ事ではなく、勝つ為にどれだけ努力したか、その過程の中で大切な物が得られるのだと思います。

キュアマーチのファッションここがスキ！

ショートブーツなので、サッカーで鍛えた足がスラリと綺麗に見えます。あとスカートの後ろについている部分が今流行りのアシンメトリーでとてもオシャレです。

キュアビューティ

容姿端麗で成績もトップレベルの青木れいかが変身。いちばん大人っぽいキャラと決まっていたので、いちばん幼く見えるピースとともに、最初にデザインが確定した。顔を出したくないピースと対照的な髪型を模索した。

Fashion Point

日本のお姫さまがヘアスタイルのイメージ

前髪はパッツン。同じロングヘアでも、フェイスラインを隠したいピースとは雰囲気を変えている。ロングヘアが軽く見えるよう後ろはざっくり4分割に。

スパッツありきのスポーティデザイン

全員がプリキュアの伝統であるスパッツをあえて見せているところもポイント。コスチュームの立体感が増し、スポーティな雰囲気が強調されている。

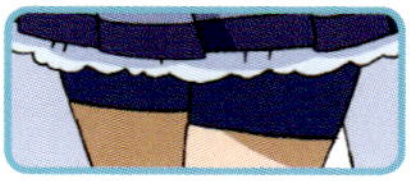

制服にもキャラごとのコーデアレンジを

制服は、切り替えのあるワンピースタイプ。キャラごとの差別化を図るべく、それぞれ違うアイテムをオン。れいかは半袖のオーバーブラウスを重ねて。

雪や氷をイメージしたブルーのコスチューム

共通コスチュームでも、ウエストラインの細やかな表現はキャラクターの違いが出るポイント。ビューティは氷の結晶のような鋭角デザインが特徴。

フリルと羽根の袖は華やかな2段仕様

ビューティの清楚で優等生っぽい雰囲気を表すように、肩デザインはフリルに羽根が重なった2段仕様。袖全体も長めでエレガントな感じに。

CV. 西村ちなみさんに聞きました

パワーをもらえるキュアビューティのコトバ

“寄り道、わき道、回り道、しかしそれらも全て道”

れいかちゃんと言えば「道」なので、やはりこの言葉を思い出してしまいます。

キュアビューティのファッションここがスキ!

元々、青が好きなのでプリキュアに変身した時の衣装が大好きです。制服姿もとってもかわいいです。

プリキュア・スマイルチャージ!

しんしんと降りつもる清き心!
キュアビューティ!

れいかが変身する水と氷の力を持つプリキュア。読み聞かせ会に現れたマジョリーナに挑むプリキュアたちがピンチに陥る。マジョリーナが読み聞かせ会をバカにすると、怒ったれいかがプリキュアへと姿を変える。「プリキュア・ビューティブリザード」が決め技。

青《あお》木《き》れいか

七色ヶ丘中学校2年生。上品で優雅な雰囲気を持つ。生徒会副会長を務め、弓道部に所属する文武両道なお嬢様。めったなことでは怒らないが、怒らせるといちばん怖いタイプでもある。

Column 5

なりきり キャラリートキッズ③

キャラクター設定のイラストをもとに、種類の違う生地の掛け合わせのバランスや装飾の配置、サイズなど細部まで考え抜かれ、緻密にデザインされている。

スイートプリキュア♪ キュアメロディ

“うさみみ”と、肩・スカートの豪華なフリルがポイント。当時大流行だった“うさみみ”がキュアメロディとキュアリズムに取り入れられた。五線譜からイメージされたボリュームたっぷりの愛らしい5段フリルは、プリキュアのフリルスカートの代表作とも言える。

スマイルプリキュア！ キュアハッピー

“Yes！プリキュア5”シリーズ同様、チーム感を意識したお揃いのコスチューム。羽とリボンのモチーフが、コスチュームやアイテムの至るところにちりばめられていて非常にかわいく、変身シーンでのメイクアップの仕草とともに人気が高いコスチュームとなっている。

2011-2012

2012-2013

2013-2014

2014-2015

ドキドキ！プリキュア キュアハート

キャラクターの名前のとおり、髪飾り・ブローチ・アームカバー・ブーツなど、ハートが要所にあしらわれ、大事にされているデザイン。重なりのある特徴的なカットのスカートが絶妙なバランスで再現され、軽やかなかわいらしい仕上がりに。

ハピネスチャージプリキュア！ キュアラブリー

AKB48の流行から制服っぽさを取り入れた、ベスト風のトップス。主人公キャラクターでトップスに濃い別色が使われたのはキュアラブリーがはじめて。色のバランスが難しく、慎重に調整が重ねられた結果、今までにない存在感の“ラブリー”なコスチュームとなった。

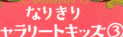

2013-2014

ドキドキ！プリキュア

キャラクターデザイン：高橋 晃

大貝第一中学校の相田マナは生徒会長を務める優等生で、
社会科見学で訪れたクローバータワーでもみんなが楽しめるように気を配っていた。
ところが「ジコチュー！」と叫ぶ怪物に遭遇して、まわりは大混乱！　マナはその怪物の前に思わず
飛び出すと、トランプ王国からきた妖精シャルルとキュアラビーズの力でプリキュアに変身。
同じくプリキュアになる仲間たちとともにジコチューを浄化する。

プリキュア！ラブリンク！
みなぎる愛！
キュアハート

Cure Heart

マナが変身するプリキュア。ジコチューから自分をかばって捕まったキュアソードを助けたい気持ちにキュアラビーズが反応し、妖精シャルルに導かれてプリキュアになる。決め技は「マイ・スイートハート」。「このキュアハートがあなたのドキドキ取り戻してみせる！」

相田《あいだ》マナ

大貝第一中学校２年生。勉強と運動が両方とも得意で生徒会長も務めることから、大人たちにも頼りにされている。考えるより先に体が動くため、問題は体当たりで解決する。

キュアハート

愛と愛から生まれるドキドキがテーマ。キュアハートに変身する相田マナは、成績優秀でスポーツも得意な生徒会長……というシリーズの中では異例の設定。髪型はツインテールなどを含め、何パターンも検討された。

結んだ髪のかたちもさりげなくハート

変身前はピンクだった髪が金髪にチェンジ。ハートのモチーフを取り入れているので、よく見ると髪飾りやブローチだけでなく、結んだ髪もハート形に！

アームカバーとブーツにもハートマーク♡

ミニ丈のコスチュームや半袖で露出した肌には、防具の役割も兼ねるアームカバーやブーツを。ハートモチーフの多用でキュアハートの愛の強さを表現。

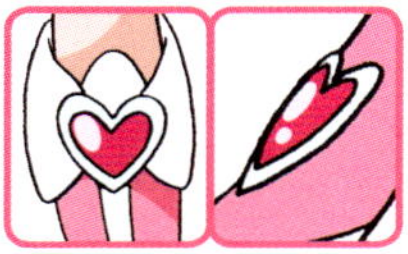

女の子のかわいい丸みを表現テーマに

全キャラクターを通して、女の子の丸みや、ほっぺたのような弾力性を意識している。全員の毛先が丸まっているのもとんがった部分を作らないため。

瞳のかたちにもひとりひとりこだわり！

ラフを考える時点で決まっていたハートのイメージは、「生徒会長で包容力があること」。人を切り捨てない優しさを、柔らかい目元でも表現している。

アシンメトリーなデザインが新鮮！

アニメで表すときは手間がかかるデザインだが、「異世界のものは地球のものとは違う」と伝える意図。たすき掛けのデザインが決まるまで時間がかかった。

CV. 生天目仁美さんに聞きました

パワーをもらえるキュアハートのコトバ

“みなぎる愛！
キュアハート”

毎回言っていたので心に刻み込まれてます!!

キュアハートのファッションここがスキ！

少し着物っぽい衣装なのはとてもお気に入りです。襟のところとか。

キュアダイヤモンド

相田マナの幼馴染み、菱川六花が変身するプリキュア。ハートと対比になるよう意識しながらデザインしている。初期のラフ段階からほとんど変わらないイメージが採用になった。テーマカラーはブルー。

ハートと対照的なおでこ出しスタイル

すっきりとおでこを出したヘアスタイルがいかにも賢そう。ポニーテールの両サイドから毛先がうず巻きになった髪が伸び、ポイントになっている。

ダイヤモンドの輝きのようなコスチューム

イメージモチーフはダイヤで、イメージカラーはブルー。雪や氷を操るプリキュアらしく、スカートは雪の結晶のように裾に向かって広がっている。

アームカバーではなくブレスレットを着用

コスチューム自体が華やかなので、他の4人のようなアームカバーはなく、腕には金のブレスレットのみ。足元もショートブーツで軽さを出している。

5人の中ではいちばんつり目！

キリッとしたつり目でクールな性格を表現。当初はつねにメガネをかける案もあったが現状のデザインに決定。

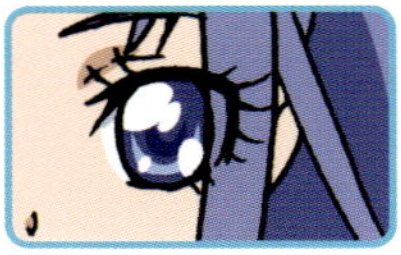

ダイヤモンドは初期イメージのまま

変身後のデザインはあまり変わらないが、変身前の六花には、メガネを外すと美少女という案も。最終的には、かけてもかけなくても美少女になった。

CV. 寿美菜子さんに聞きました

パワーをもらえるキュアダイヤモンドのコトバ

響け、愛の鼓動！
ドキドキ！プリキュア

やはり初めてこの言葉をみんなで言った時に感動しました。強さもあるのに優しさもある素敵な言葉です。

キュアダイヤモンドのファッションここがスキ！

スカートのヒラヒラと、カラーリングがお気に入りです。こういうスカートがあったらいつか着たいと小さい頃から憧れていたデザイン。そしてこの「ドキドキ！プリキュア」ならではのパステル調の優しいカラーリングが好きです。

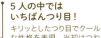

プリキュア!ラブリンク!

英知の光!
キュアダイヤモンド

Cure Diamond

六花が変身するプリキュア。六花がお父さんへ書いた手紙をジコチューから守ろうとしてくれたマナを助けたいと願ったとき、妖精ラケルに導かれてプリキュアになる。決め技は「トゥインクルダイヤモンド」。「このキュアダイヤモンドがあなたの頭を冷やしてあげる!」

菱川《ひしかわ》六花《りっか》

大貝第一中学校2年生。勉強好きで全国模試でベスト10に入るほどの頭脳の持ち主。生徒会の書記を務め、マナとは家も近所で幼馴染み。いつもマナのフォローに回っている。

Cure Rosetta

プリキュア！ラブリンク！
ひだまりポカポカ！
キュアロゼッタ

ありすが変身するプリキュア。幼い頃のある経験が理由でプリキュアになることを拒んでいたが「力はおのれの愛する者を守るためのもの」というおじいさまの教えを思い出し、プリキュアになる。「世界を制するのは愛だけです。さあ、あなたも私と愛を育んで下さいな♪」

四葉《よつば》ありす

私立七ツ橋学園に通う、マナの幼馴染み。四葉財閥のお嬢様ゆえに感覚のズレがあり、周囲を驚かせる発言もある。やさしくておっとりした性格で、友達は人一倍大事にしている。

キュアロゼッタ

財団総帥の父とオペラ歌手の母を持つ、四葉ありすが変身するプリキュア。お嬢様キャラなので、他のプリキュアよりフリルは多め。全体的に丸みのあるふんわりしたキャラクターで、目元も少したれ目にしている。

クローバーの四つ葉をいたるところに

大きなツインテールが目印！四つ葉のイメージで、お団子や結んだリボンの枚数なども「4」で統一している。髪飾りは当時のアイドルのものなどを参考に。

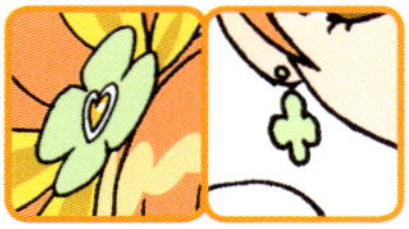

お嬢様らしい上品なロリータ系

黄色と白のブロックスカートは、フリルたっぷりのロリータ風。パフスリーブや腰のリボンなどとともに、女の子が大好きなかわいらしいイメージに。

初期設定のロゼッタはツインテールが短かった

ロゼッタは、ほぼ初期のイメージで早くにデザインが決定。ただ、ツインテールの髪は肩ぐらいとやや短く、最終形よりも少し幼いイメージだった。

メインカラー以外の色を差して華やかに

本作での挑戦ポイント。メインカラーがイエローのロゼッタは、四つ葉を表すグリーンを入れることで個性を際立たせた。

手元やブーツにも蝶のようなリボン

ロゼッタとは、放射状に花びらが並ぶ花のこと。植物やオーガニックなものがモチーフなので、アームカバーやブーツのリボンも蝶をイメージしている。

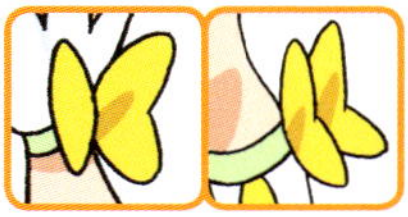

CV. 渕上舞さんに聞きました

パワーをもらえるキュアロゼッタのコトバ

“防御こそ
最大の攻撃です‼”

弱いから守るのではなく、それが強いんですよ。深い。

キュアロゼッタのファッションここがスキ！

ツインテールを飾るクローバーのヘアアクセ♧ロゼッタを形作る最も特徴的なパーツだと思います。

キュアソード

アイドル活動をしながら王女を探している剣崎真琴が変身するプリキュア。みんなが憧れるファッションリーダーでもあるので、スタイリッシュな雰囲気を意識。5人の中ではいちばんスレンダーに描いている。

動きのあるショートボブが特徴的！

アイドルで、ファッションリーダーでもあることから、実在のアイドルを参考にしたスタイリッシュなショートヘアに。スペード形のヘアアクセもポイント。

初期ラフではロングヘア&パンク要素もあった

初期ラフでは、ワイシャツにスカート、柄物のストッキングというパンクっぽい私服スタイル案も。髪もロングヘアだったが、検討の結果、現在の姿に。

無駄のないデザインもソードらしさ！

ニーハイブーツは縦のラインを強調するセンターライン入り。Vカットでほとんど飾りのないシンプルなデザインが、まっすぐに伸びた「剣」を連想させる。

シャープな雰囲気はソード（剣）を意識

丸みを意識したシリーズではありつつ、飾りの少ないすっきりしたボディラインや、ギザギザの裾、ギャザーなしスカートなどでシャープさを出している。

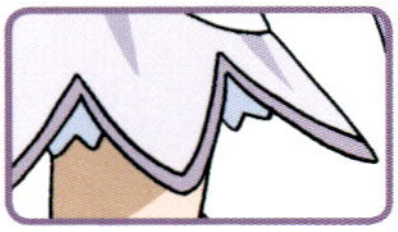

私服にもキャラクターイメージを

真琴はファッションリーダー的存在なので、私服もスタイリッシュさを追求。当時流行っていたロングベストを採用したところ、真琴らしさにつながった。

CV. 宮本佳那子さんに聞きました

パワーをもらえるキュアソードのコトバ

“一緒に何かをするってとても素敵なことなのね”

心を閉ざしていた真琴がマナたちと友達になって成長した1年間がつまっている一言です。

キュアソードのファッションここがスキ！

「ドキプリ」はパステルカラーみたい。ソードの紫色がお気に入りです。エンディングを踊ってるソードがとても可愛いです。スペードマークを見るとソードだっ!! って反応しちゃいます。

プリキュア！ラブリンク！
勇気の刃！
キュアソード

Cure Sword

真琴が変身するプリキュア。ジコチューの侵略からトランプ王国を守れなかったことを悔やみ、はぐれてしまった王女を探しながら1人で孤独に戦ってきたが、マナたちと触れ合って仲間になる。「このキュアソードが、愛の剣であなたの野望を断ち切ってみせる！」

剣崎《けんざき》真琴《まこと》

トランプ王国からマリー・アンジュ王女とともに地球へ逃げてきた、王女の歌姫。強気な態度を見せる一方で、可愛いものが好きな面も。人間界ではアイドルとして活動している。

ドキドキ！プリキュア

DOKIDOKI! PRECURE

プリキュア・ドレスアップ！

愛の切り札！キュアエース

Cure Ace

亜久里が変身するプリキュア。レジーナに襲われたマナたちの危機に駆けつけ、「プリキュア５つの誓い」を伝えた。その後、マナと力を合わせてジコチューを浄化し、仲間となる。「美しさは正義の証。ウインクひとつであなたのハートを射抜いてさしあげますわ！」

円《まどか》亜《あ》久里《ぐり》

小学4年生。プリキュアに変身すると美しい女性へと姿を変える。マナたちの中ではいちばんの年下だが、対応は大人びている。甘いものが好きで、年相応の可愛らしい一面も。

キュアエース

小学生の円亜久里が変身するが、実はアン王女の生まれかわりでもあるという複雑な設定もあり、デザインの方向性にはかなり悩んだ。４人のプリキュアを指導するメンター的役割もあり、３〜４歳ほど年上のイメージ。

大人の象徴でもあるメイク感を強調

変身シーンでは、メイクをしながら大人になっていくため、他の４人よりメイク感は強め。ただ、赤系統の色味で統一することで派手になりすぎるのを回避している。

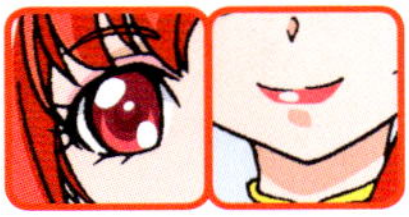

王女さまらしいAラインドレス

正面から見ると「A」に見えるコスチュームを、曲線的な装飾でお姫様っぽく華やかに見せている。後ろだけが長いテイルデザインで戦いやすさも確保！

いちばん難航したキャラクター

ハートもなかなか決まらなかったが、最初に固まったロゼッタに合わせて他の３人をデザイン。エースは、アン王女の要素をアレンジしたが難産だった。

情熱的なレッドヘアサイドは夜会巻き風!?

イメージカラーのレッドを髪色にも採用。ポニーテールではあるが、サイドから見ると夜会巻き風のデザインで、上品でエレガントな雰囲気を出している。

胸のハートの輝きがタイムリミットの合図

エースは気合で大人になっているので、変身は５分しか持たない。ジャケットに輝くハートは、時間が来ると点滅するタイマーの役割も。

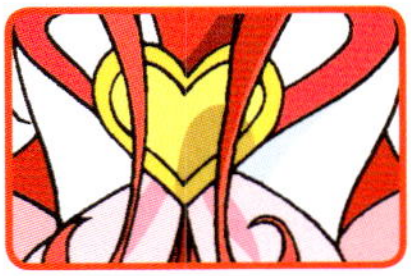

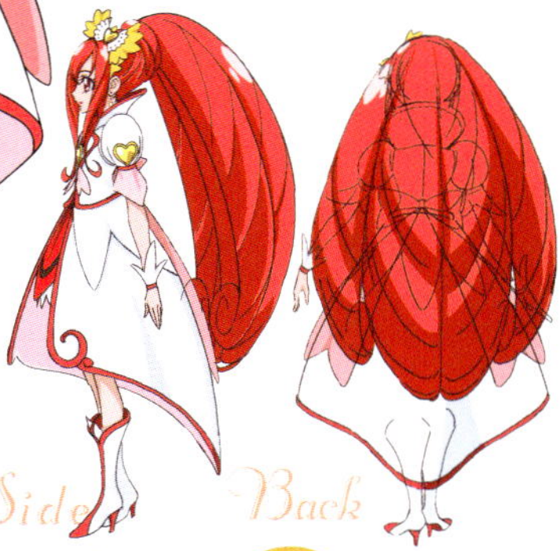

CV. 釘宮理恵さんに聞きました

パワーをもらえるキュアエースのコトバ

“愛の切り札！
キュアエース”

この名乗りがやはり一番大好きです！

キュアエースのファッションここがスキ！

全てが大好きです！ 色も形も、エレガントで可愛らしさもあって、まさにキュアエース！なところが！

Transform items

Column 6

変身アイテム③

シリーズごとの個性豊かなデザインは、ついにぬいぐるみにまで進化。凝ったデザインはおもちゃの裏側にも及び、隅々までとってもかわいい！

2016-2017

キュアップ・ラパパ！ミラクル・マジカル・ジュエリーレ！

魔法つかいプリキュア！

モフルン

みらいが大切にしているくまのぬいぐるみ。手をにぎると、「モーフ♥」と、かわいい声でたくさんおしゃべりしてくれる。変身遊びのときには、アニメそのままにお腹がハートにぴかっと光る。ずっと触っていたくなるふわふわの手ざわり。

キュアラモード・デコレーション！

キラキラ☆プリキュアアラモード

スイーツパクト

ホイップクリームがスイートなビジュアル。まぜまぜスティックで「レッツ・ラ・まぜまぜ！」すれば、あなたもキュアホイップに。ボウルがカタカタ動くのがリアル！　アニマルスイーツをつけかえれば、キャラクターのおもちゃオリジナルのセリフが聞ける。

2017-2018

2018-

ミライクリスタル！ハート キラっと！は～ぎゅ～！

HUGっと！プリキュア

プリハート

初期シリーズの頃と同じケータイ型。電話モードでは話したいプリキュアとおしゃべりができ、くるっとスライドさせるとハートモードに変化！　ハートマークを「はぎゅ～♥」とタッチするたびに画面の光の色が変わり、変身のセリフが流れる。

2014-2015

プリキュア！くるりんミラーチェンジ！

ハピネスチャージプリキュア！

プリチェンミラー

プリカードをセットすると、プリチェンミラーにプリキュアが浮かび上がって変身！　プリカードを替えればフォームチェンジのセリフやメロディが流れ、お仕事服やおしゃれ服にお着替え遊びも。通常のミラーとしても使用できる。

2015-2016

プリキュア・プリンセスエンゲージ！

Go！プリンセスプリキュア

プリンセスパフューム

見ているだけでうっとり♥　まさにプリンセスな光の香水。シュシュッとすると香水が減り、音声が流れて本当にプリキュアに変身するみたい！　ロングドレスがモチーフのエレガントなドレスアップキーも大人気。音量調節も可能に。

2014-2015

ハピネスチャージプリキュア！

キャラクターデザイン：佐藤 雅将

世界の各大陸で暴れるサイアークに侵略されたブルースカイ王国の王女・ひめは
プリキュアとして戦っていたが、一緒に戦う仲間を探すことにした。
地球の神様・ブルーに手渡された「愛の結晶」が
パートナーへと導いてくれると聞いたひめだったが、使い方がわからずに放り投げてみる。
その結晶が当たったのは愛乃めぐみだった。こうしてふたりは運命の出会いを果たし、
プリキュアとしてともに戦うことになる。

キュアラブリー

「みんなの幸せのために戦う」が本作のテーマ。ほぼ原案通りのデザインで進行。困っている人を放っておけない愛乃めぐみが変身するキュアラブリーは、重めの前髪がポイント。

Fashion Point

明るい性格でもあえて重めの前髪

明るいキャラクターはおでこを出すスタイルが多いが、髪色やコスチュームがハッピー感のあるピンクなので、あえて重めの前髪で愛らしさを出している。

アイドルの制服風衣装がヒントに！

当時大人気だったアイドルたちの衣装を取り入れて、上半身は制服っぽいベスト型に。スカートや肩などのデザインは各プリキュアで異なる。

大きなポニーテールでポーズを引き立てる

変身や戦いなどで見得を切る際になびくものが欲しいと考え、大きなポニーテールが生まれた。マントのように立ち姿を引き立てる役割がある。

ラブリーの丈を基準にバランスを調整

最初にキュアラブリーのブーツを決めてから、各プリキュアのブーツ丈を調整。きれいめで王道感が強い折り返しニーハイブーツはヒロインにぴったり！

フォームチェンジでさまざまなスタイルに

「かわルンルン！」のセリフとともに戦いの状況に合わせてフォームチェンジ。ラブリーは色鮮やかなダンス系のサブフォームに変身。

ロリポップ
ヒップホップ

チェリー
フラメンコ

CV. 中島愛さんに聞きました

パワーをもらえるキュアラブリーのコトバ

“たったひとつでも
愛がある限り、私は、
私達は幸せを諦めない”

ハピネスチャージが一番伝えたかったメッセージが詰まっています。

キュアラブリーのファッションここがスキ！

特に、髪飾りがお気に入りです！　ラブリーの重めの前髪とボリュームのあるポニーテールが好きなんですが、そのスタイルにとても合っていると思うので。

プリキュア!
くるりんミラーチェンジ!
世界に広がるビッグな愛!
キュアラブリー!

Cure Lovely

めぐみが変身する愛のプリキュア。愛の結晶が当たってひめと出会ったとき、サイアークが出現。プリキュアになって戦うひめがピンチになり、ひめを助けたいと思いプリキュアになる。決め技の「プリキュア・ピンキーラブシュート」で敵を浄化する。「愛よ、天に帰れ!」

愛《あい》乃《の》めぐみ

ぴかりが丘学園に通う中学2年生。いつも笑顔で元気いっぱい、ドジで失敗が多いが何事にも前向きな性格。かわいいファッションに興味があるものの、センスがないと自覚している。

ハピネスチャージプリキュア!
HAPPINESSCHARGE PRECURE!

プリキュア！
くるりんミラーチェンジ！
天空に舞う蒼き風！
キュアプリンセス！

白雪《しらゆき》ひめ

ブルースカイ王国の王女であり、次期女王。ファッションセンスは抜群。人見知りのせいで友達がおらず、めぐみが初めての友達になった。めぐみと同じぴかりが丘学園に転入する。

ひめが変身する勇気のプリキュア。世界を最悪に変えようとする幻影帝国の指示によって街で暴れるサイアークを倒すために戦うが、臆病なためにいつも苦戦をしいられる。しかし、めぐみと一緒に戦うことで、少しずつ自信をつけて成長していく。「勇気よ、天に帰れ！」

キュアプリンセス

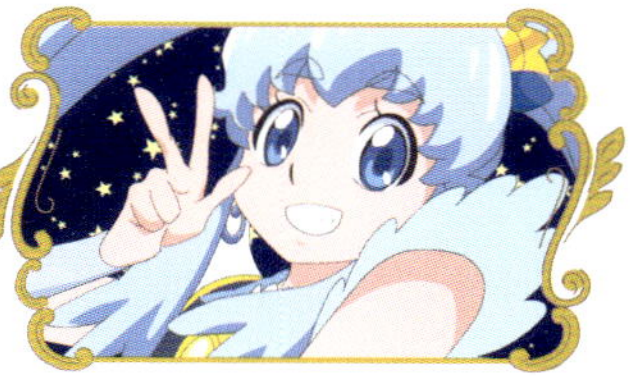

シャイでこわがり屋のブルースカイ王国の白雪ひめが変身。キュアラブリーの次にデザインされた。序盤ではやや未熟な部分が多く、引っ込み思案な性格なので、おでこを前髪で隠してその雰囲気を出している。

風系の技が得意！羽のモチーフに

イメージカラーはブルー。風系の技が得意なので、羽のモチーフが大きめにあしらわれている。共通の胸リボンも他の3人とは異なるネクタイ型。

プリンセスらしく頭にはクラウン

コスチュームがお揃いなので、小物やディテールでキャラクターらしさを追求。小さなクラウン形のヘッドアクセならコスチュームの雰囲気も邪魔しない。

個性的でキュートなツインテール

ヘアスタイルの流行も参考にして、ツインテールヘアを採用。シャイな性格を重めの前髪で表しているが、実は頑固な一面もあるため、眉は少し太めに。

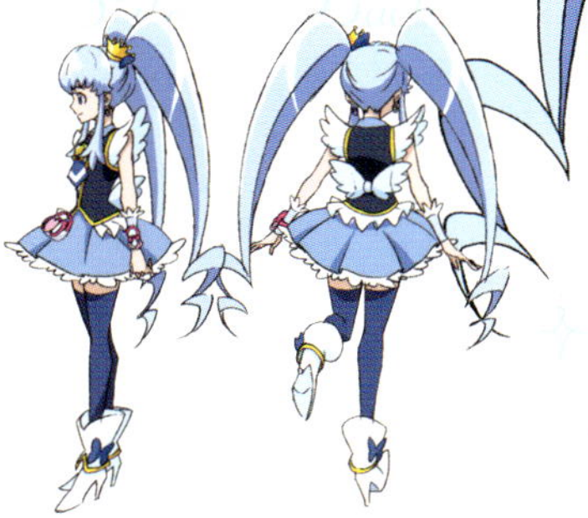

マカダミアフラダンス

シャーベットバレエ

アクションシーンで動かしやすいパーツを

子どもたちに馴染みやすいキャラクターであることが前提。さらにアクションシーンで様になり、動かしやすいパーツづけやデザインを意識している。

ショート丈ブーツとソックスでおしゃれに

ファッションセンス抜群という設定のプリンセスは、ブーツ単品ではなく、ニーハイソックスとのコーディネートでおしゃれ感を演出し、差別化している。

CV.潘めぐみさんに聞きました

パワーをもらえるキュアプリンセスのコトバ

ハピネス注入！
幸せチャージ！
ハピネスチャージプリキュア！

1人じゃ成り立たない、この口上。はじめは2人からはじまって、それが3人になって、4人になっていって……。作品のテーマでもありますし、毎話、毎話、そのときの気持ちを込めているので、この言葉にしました。

キュアプリンセスのファッションここがスキ！

「ひゅっ！　ばきゅん！」あ、服装じゃなく仕草ですね。すみません。でも、変身バンクの、頭のリボンと王冠は、一国の王女様の印であり、おしゃれなひめ自身のポイントだと思います！　両拳を突き出したり、駆けてくる足元であったり、その活発さもギャップがあって……1つに絞れません！　ごめんなさい！

キュアハニー

ごはんが大好きな大森ゆうこが変身するプリキュア。ラブリー、プリンセスに続く３人目で、デザインの自由度も高かったので、変身前の髪型はショートに。おでこを出したスタイルで明るい性格を前面に出した。

Fashion Point

幸福を呼ぶ四つ葉のクローバーを耳元に

「平和にごはんを食べたい」という願いを四つ葉のクローバーのイヤリングにも込めている。二の腕や腰まわりは少し太めにデザイン。

腰の羽は大型化すると空を飛べる

4人に共通する腰部分の小さな羽は、大型化すると空を飛ぶことができる。基本フォームで空を飛べるのは、実はやや珍しい。

変身前から印象激変！金髪ウェーブヘアに！

変身後のヘアはロングと決まっていたので、変身前はあえてのショートヘア。変身後にもっとも変化があるキャラクターになった。ふんわり感がポイント。

歌で敵の心も癒やす！優しさをかたちに

癒やし系で優しさにあふれたキュアハニーのコスチュームは、袖もふっくら丸いパフスリーブ。ギャザーで花のようなかたちを作ったスカートもかわいい！

Side　Back

ひざ丈のブーツはリボンがアクセント

プリンセスとラブリーの中間の長さにデザイン。どこかマーチングバンドを思わせるVカットの白ブーツは、バトンを回して戦うハニーによく似合っている。

ココナッツサンバ

ポップコーンチア

CV. 北川里奈さんに聞きました

パワーをもらえるキュアハニーのコトバ

“ハニーキャンディーをどうぞ”

「ハニーキャンディーをどうぞ」という一言は、はじめましての相手との距離もぐっと縮めることができる魔法の言葉だと思います。

キュアハニーのファッションここがスキ！

キュアハニーのポニーテールがとても好きです。オーディション資料をいただいた時に一目ぼれしたのを覚えています。変身バンクで、ショートカットからポニーテールへと変化するシーンはお気に入りです。

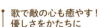

プリキュア！くるりんミラーチェンジ！

大地に実る命の光！キュアハニー！

ゆうこが変身する優しさのプリキュア。めぐみがプリキュアになる前に、精霊ブルーが放った愛の結晶でプリキュアになっていたが、嬉しすぎて言えずにいた。「ゆっくりおいしいごはんを食べたい」という信念を持ってサイアークたちと戦う。「命よ、天に帰れ！」

大森《おおもり》ゆうこ

ぴかりが丘学園の中学2年生で、めぐみのクラスメイト。癒やし系のおだやかな性格で周りの人をなごませる。家はお弁当屋「大森ごはん」を経営し、ゆうこ自身も食べることが好き。

ハピネスチャージプリキュア！
HAPPINESSCHARGE PRECURE!

プリキュア！
きらりんスターシンフォニー！
夜空にきらめく希望の星！
キュアフォーチュン！

いおなが変身する運命のプリキュア。当初は正体不明のプリキュアとしてひとりでサイアークと戦っていたが、自ら正体を明かし、チームを組むようになる。空手有段者であるため、もともと戦闘能力が高く、ひとりで大勢のサイアークを相手にしている。「星よ、天に帰れ！」

Cure Fortune

氷川《ひかわ》いおな

ぴかりが丘学園の中学2年生。真面目な性格で、一度決めたことは譲らない。最初は協力に乗り気ではなかったが、めぐみたちと接し、次第に変わっていく。

キュアフォーチュン

物語の途中から参加するキュアフォーチュンは、たったひとりで戦ってきた氷川いおなが変身する孤高のプリキュア。ラブリーの"陽"に対しての"陰"、裏主人公というイメージもあり、ラブリーとの対比を意識した。

賢く真面目な性格をセンター分けで表現

成績は学年トップ、スポーツ万能でクールなキュアフォーチュンらしさをセンター分けの前髪で表現。ボリューミーなロングヘアも立ち姿を引き立たせる。

フリルやスカートもシャープさを心がけた

紫系統のキャラクターの性質はピンクと正反対。かつ主役に匹敵する強さもあるので、スカートのフリルや袖などもシャープな線を意識した。

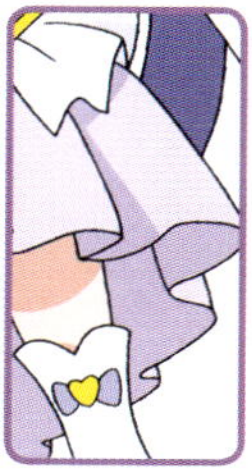

空手のサポーターのような白アームカバー

他のプリキュアとの違いはディテールで表現。ブーツやアームカバーなど白でカバーする部分が多い衣装は、空手が得意ないおなの道着スタイルっぽい!?

ラブリーと対になるニーハイブーツ

裏主人公というテーマから、ラブリーと共通のポイントをいくつか入れている。ニーハイブーツもそのひとつだが、微妙に女子らしいデザインになっている。

最初はもっと暗いキャラクターだった

企画段階ではあまり笑わない設定だったので、表情集にも笑顔がなかった。衣装はタイトスカート案もあったが、ベストと合わせるとOLっぽくなりすぎてとりやめに。

あんみつこまち

パインアラビアン

CV. 戸松遥さんに聞きました

パワーをもらえるキュアフォーチュンのコトバ

夜空にきらめく希望の星 キュアフォーチュン！

このキメ台詞は今でも忘れられません！
初めてこのセリフを言ったとき、本当にプリキュアなんだぁ！
と感動したあの気持ちは一生忘れられません！

キュアフォーチュンのファッションここがスキ！

スカートの丈が後ろだけ長めなところ！　カラーが紫色なので、彼女の性格と個性に良く合っていると思います。
あとは変身した後のキメポーズ！どのシリーズでもそれぞれのポーズがありますが、私もいおなの変身ポーズをよく真似していました（笑）。

Column 7

変身プリチューム④

“Go！プリンセスプリキュア”シリーズから、“なりきりキャラリートキッズ”がコンセプトも価格も新しくなって“変身プリチューム”として登場！

Go！プリンセスプリキュア
キュアフローラ

プリキュアがロングドレスになるという設定を再現しようと試行錯誤した結果、ミニとロングの2wayで商品化して大人気となった。ロングドレスの丈は、子どもが無理なく動けるように考慮された長すぎないデザイン。

2015-2016

魔法つかいプリキュア！
キュアミラクル

キュアミラクルとキュアマジカルは「対比」がテーマのコスチュームデザイン。キュアミラクルはふわっとしたアシンメトリーなスカートがポイントで、曲線が多く、シンプルにまとめながらもおしゃれさとピュアさが際立つコスチューム。

キラキラ☆プリキュアアラモード
キュアホイップ

スカート部分にそれぞれのスイーツモチーフがプリントされ、かわいくておいしそうなコスチュームとなり子どもたちの心をつかんだ。動物とスイーツの要素のバランスは様々に検討され、“うさぎ耳”などのデコラティブな装飾は、イヤリングとともにアクセサリーセットとして商品展開されている。

HUGっと！プリキュア
キュアエール

キャラクター設定のイラストの再現度を追求しつつ、生地はデコラティブなものを使って、華やかな仕上がりになるようこだわって作られた。近年のシリーズではひとりひとりに違うデザインテーマが立てられているため、それぞれの商品化へのアプローチも異なる。

2015-2016

Go！プリンセスプリキュア

キャラクターデザイン：中谷友紀子

ノーブル学園に通う中学１年生の春野はるかは、プリンセスになることを夢見ていた。
新しい生活に大はしゃぎしていると、森で不思議な生き物、妖精のパフとアロマに出会う。
妖精たちの話を聞いていたとき、クローズという悪者が現れ、怪物ゼツボーグを生み出した。
はるかはプリンセスパフュームの力でプリキュアに変身し、
夢のため、みんなのためにディスピアの侵略を止めるべく立ち上がる！

Go! プリンセスプリキュア
PRINCESS PRECURE

プリキュア・プリンセスエンゲージ！
咲きほこる花のプリンセス！
キュアフローラ

Cure Flora

春野《はるの》はるか

私立ノーブル学園に通う中学1年生。元気で明るく、夢をかなえるために努力を惜しまない。『花のプリンセス』という絵本が好きで、プリンセスになるのが夢。口癖は「ステキすぎる！」。

はるかが変身する花のプリキュア。クローズによってルームメイトのゆいが檻に閉じ込められ、怪物ゼツボーグが生み出されたとき、ゆいを助けたいと願ってプリキュアになる。「舞え、花よ！　プリキュア・フローラル・トルビヨン！」と叫んで決め技を放つ。

キュアフローラ

最初から決定していたのはプリンセスというモチーフ。また、「キーとパフューム」というアイテムも指定があったので、そこを出発点に考え始めた。フローラの髪型と顔はすぐ決まったが、コスチュームはかなり難航。

毛量は多め！ 西洋の貴族っぽく

わかりやすいプリンセス感を目指し、金髪のウェーブヘアに。前髪にメッシュを入れたり、後ろ髪にグラデーションを施しているのも珍しいアプローチ。

ロココ調のデコラティブなドレスをイメージ

フローラは王道のプリンセスである西洋のお姫さまをイメージ。攻撃時にロングドレスになる設定で、モードエレガントは通常のプリキュア姿と上半身が同じ。

裏地の色はなかなか決まらなかった部分

フローラは花が好きな設定なのでドレスも花をイメージ。ただ裏地は、単純に表地の影の色にしたところきれいに見えなかったので、何度も修正を重ねた。

プリンセスなのでヒールは少し高め

「アクションで踏ん張るから」という理由で、プリキュアシリーズのブーツのヒールは低めだが、今回はプリンセスモチーフなので少し高め（Side図参照）。

フローラの衣装案は5パターン以上!?

フローラのドレスは最初の段階で5パターンくらい、髪型もたくさん案があった。これと決めつけずに可能性を探ったが、最終的には初期案に落ち着いた。

CV. 嶋村侑さんに聞きました

パワーをもらえるキュアフローラのコトバ

“夢だって、消せないよ。
絶望がある限り、
夢だって輝き続ける。
いつまでも”

キュアフローラのファッションここがスキ！

キュアフローラの時の髪の毛と瞳の色が、輝きにあふれていて、本当に眩しいです。同点でスカートの形も短いながらノーブルさがあって可愛いと思います。

キュアマーメイド

フローラとともに、最初から設定がしっかり決まっていたのがマーメイド。人魚のモチーフで、ブルーがテーマカラー。シルエットとともに髪の表現など、細部までこだわってデザインしている。差し色のピンクもこだわり。

悩んだ前髪、初期はパッツン⁉

メッシュカラーがおしゃれな編み込みの前髪が目をひくが、初期は切りそろえたパッツン前髪にメッシュを入れる案もあった。編み込みパターンが好評で変更。

髪は海のような水をイメージ！

波打つようなロングヘアは実は水のイメージ！海の中のような透明感のあるグラデーションや、ハイライトも特殊なデザインにしてこだわっている。

人魚っぽさを意識してへそ出しスタイルに

上半身やウエスト部分は人魚っぽさを表現したデザイン。へそ出しスタイルに、貝殻やパールのようなモチーフを飾って、海のお姫さま感を出している。

元気なミニスカートと"尾びれ"の組み合わせ

活動的なミニスカートの後ろにエレガントなテールスカートを合わせた意外性のあるデザイン。尻尾のようなギザギザや、濃色の縁取りがおしゃれ！

ピタッとしたラインを意識

マーメイドラインという言葉もあるくらいなので、ピタッとしたラインを意識。あとは、女性が見て「可愛い」と思えるものをできる限り詰め込んだ。

すっきり白ブーツに波のようなスカラップ

プリキュアの個性はブーツでも表現。マーメイドのブーツは白をベースに、はき口の2色スカラップやパール、トウの濃いブルーのラインをポイントにしている。

CV. 浅野真澄さんに聞きました

パワーをもらえるキュアマーメイドのコトバ

とても一つには絞り切れない（笑）！

いつでも前向きで、常にベストな道を探そうとするキュアマーメイドの強さや賢さは、演じていても本当に背筋が伸びます。

キュアマーメイドのファッションここがスキ！

実はおへそが出ていてちょっぴりセクシーなところ（笑）。それから服というわけではありませんが、髪の毛がグラデーションになっているところが綺麗で大好きです。

Go!プリンセスプリキュア
PRINCESS PRECURE

プリキュア・プリンセスエンゲージ！ 澄みわたる海のプリンセス！ キュアマーメイド

　みなみが変身する海のプリキュア。ゼツボーグが暴れ始め、はるかがフローラとなって戦うのを目撃。苦戦していたフローラを助け、学園のみんなを守りたいとプリキュアになる。「高鳴れ、海よ！ プリキュア・マーメイド・リップル！」と決め技を放つ。

海藤《かいどう》みなみ

私立ノーブル学園の中学２年生。責任感が強いしっかり者で、生徒会長。大企業のお嬢様で「学園のプリンセス」と呼ばれる。はるかに得意なバレエを教えて欲しいとたのまれる。

Go! プリンセスプリキュア

PRINCESS PRECURE

プリキュア・プリンセスエンゲージ！　きらめく星のプリンセス！　キュアトゥインクル

きららが変身する星のプリキュア。一度はプリキュアになるのは危ないとプリンセスパフュームを返したが、ゼツボーグに大事なファッションショーを邪魔された怒りでプリキュアになる。「キラキラ、星よ！　プリキュア・トゥインクル・ハミング！」の掛け声で技を放つ。

天《あま》ノ《の》川《がわ》きらら

ノーブル学園に通う中学1年生。マイペースでおしゃれが大好き。雑誌やファッションショーに出るなど、人気モデルとしても多忙な毎日を送る。夢はトップモデルになること。

Cure Twinkle

キュアトゥインクル

フローラ、マーメイドが決定した後にデザインしたトゥインクルは、シルエットや髪型がかぶらないよう、バランスを取りながらデザインしたので比較的スムーズに進行。トゥインクルも髪の表現に細かくこだわっている。

歴代ナンバー1の肩の露出がポイント

歴代のプリキュアのデザインを念頭に、かぶらないコスチュームを考えた結果、肩を大きく露出するベアトップデザインに。前例がないことも原動力に。

ツインテールをベースにアレンジ！

後ろから見ると2段のツインテール。ふたつに分けたボリュームヘアをふわふわの髪留めでとめている。グラデーションや丸いハイライトが特徴。

真上から見ると星のかたちに！

ドレスのモチーフは星。スカートの裾の尖った部分や、垂れ下がった部分が星っぽく鋭角になっているのと、真上から見ると星に見えるよう工夫している。

肩を出している分ブーツはニーハイに！

上半身に露出が多い分、脚は太ももまでをニーハイブーツでカバー。はき口を折り返したデザインをアクセントにしている。アクセサリーは星で統一。

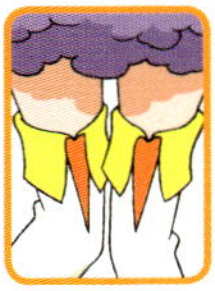

モードエレガントルナ

モードエレガント

モードエレガントシューティングスター

癒やし系の役割が多いイエローがつり目に！

「ふつう」のフローラに対しマーメイドには「ライバル」、トゥインクルには「変化球」の役割を持たせたかった。紫を差し色にして気の強さや大人っぽさを強調。

CV. 山村響さんに聞きました

パワーをもらえるキュアトゥインクルのコトバ

“大した夢だよ！
天ノ川きららの夢は、
この星空みたいに
キラキラ輝いてるんだから”

自分の夢を恥ずかしがらず、自信を持って言えることは素晴らしいと思います。

キュアトゥインクルのファッションここがスキ！

大きなツインおだんご。変身バンクでポイン！　ポイン！と出てくるところが大好きです。

キュアスカーレット

スカーレットは、敵だったキャラクターの洗脳が解けて仲間になるというスペシャルなキャラクター。「主人公を食うくらいの強いキャラクター」を目指し、他の3人からは浮くようなデザインを心がけた。

Fashion Point

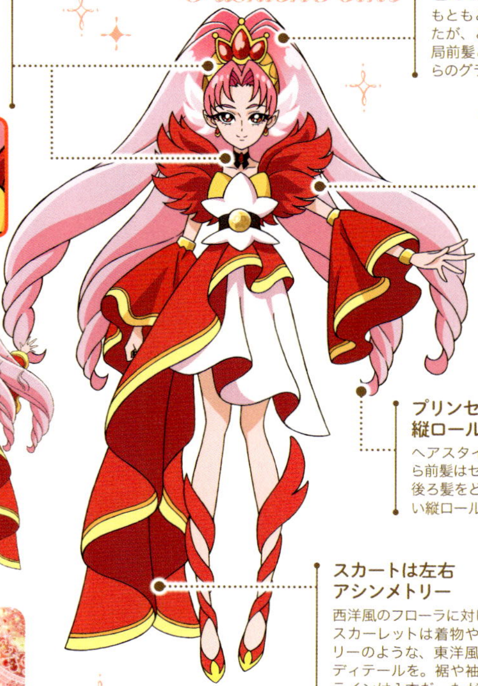

ディテールに王族らしいこだわり！

後から変身する特別感や王族らしいパーツを入れたくて、王冠をはじめ、チョーカーなどの装飾もプラスした。ファーをつけたのも特別感を出すため。

前髪の色と後ろ髪の色をチェンジ！

もともとはメッシュを入れる案もあったが、どこに入れても落ち着かず、結局前髪と後ろ髪を違う色に。頭頂部からのグラデーションでなじませている。

上半身のボリュームが差別化ポイント

炎と不死鳥のイメージで、肩まわりにはファー、袖もヒラヒラとさせている。上半身をゴージャスにすることで「本物のプリンセス」を演出している。

Side Back

プリンセスらしい縦ロールを採用！

ヘアスタイルはかなり難航した。最初から前髪はセンターで分けるつもりだったが、後ろ髪をどうするか。最後はお姫さまらしい縦ロールを使うことで着地。

スカートは左右アシンメトリー

西洋風のフローラに対し、スカーレットは着物やサリーのような、東洋風のディテールを。裾や袖のラインは1本だったが、もの足りなくなり調整した。

モードエレガント
フェニックス

CV. 沢城みゆきさんに聞きました

パワーをもらえるキュアスカーレットのコトバ

“お覚悟決めなさいっ”

他の3人が「お覚悟はよろしくて」なのに対し、「お覚悟決めなさいっ」ときりりと言い放つ、決め台詞は自身の身も引き締まる大好きな変身シーンです。

キュアスカーレットのファッションここがスキ！

スカーレットの時のぐるぐるデザインのブーツも気に入っていますが、実はトワイライトの時の仮面姿もとても気に入っています。

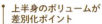

トワが変身する炎のプリキュア。絶望の魔女ディスピアにより心の迷いにつけこまれたトワが、フローラの言葉によって失敗を乗り越えようと強く思ったとき、プリキュアになる。「羽ばたけ！　炎の翼！　プリキュア・フェニックス・ブレイズ！」と決め技を放つ。

プリキュア・
プリンセスエンゲージ！

深紅の炎のプリンセス！ キュアスカーレット

Cure Scarlet

トワイライト《とわいらいと》

紅《あか》城《ぎ》トワ

ホープキングダムのプリンセス。「トワイライト」として生きていたが、プリキュアたちのおかげで元の姿になる。バイオリンを弾くことが好き。

Column 8

男子キャラクタースタイル図鑑①

男の子キャラクターが大集合！　男子の服にもその時代の空気が反映されている。主人公の学校の先輩や同級生も多く、制服のデザインもさまざま。

ふたりはプリキュア
Splash☆Star
美翔和也

⬅清海高校2年生。舞のお兄さん。

ハートキャッチプリキュア!
謎の青年　⬆正体は妖精のコッペ。

Yes！ プリキュア5
Go Go！
小々田コージ

⬆（左）パルミエ王国の王子、ココの人間の姿。

ナッツ

⬆（右）パルミエ王国の王子、ナッツの人間の姿。

甘井シロー

⬅運び屋の少年。妖精シロップ。

ふたりはプリキュア
Max Heart
藤村省吾

➡ベローネ学院男子高等部1年生。サッカー部員。

フレッシュ
プリキュア！
知念大輔

⬆四つ葉中学校2年生。ラブのクラスメイト。

スイートプリキュア♪
王子正宗

➡音楽王子隊のリーダー。

2016-2017

魔法つかいプリキュア！

キャラクターデザイン：宮本 絵美子

津成木第一中学校に通う朝日奈みらいは、春休みのある夜、
空から謎の物体が近くの公園に降ってくるところを目撃。
翌朝、クマのぬいぐるみ「モフルン」を連れて公園へ向かうと、
その物体とは魔法つかいの女の子リコだった。
みらいとリコ、モフルンが手をつなぎ、魔法の言葉を唱えると、伝説の魔法つかい「プリキュア」が誕生。
こうしてみらいとリコは、世界侵略を企てる闇の魔法つかいドクロクシーと対峙することになる。

キュアミラクル

シリーズ初「魔法」がテーマの作品。中学生の朝日奈みらいが変身するキュアミラクルと、魔法界から来たリコが変身するキュアマジカルは「対比」がデザインテーマ。双子っぽさを意識している。

ハットモチーフは魔法つかいの象徴

魔法つかいのハットモチーフは、リンクルストーンで変身する全スタイルで使用。小ぶりのハットをジュエルで飾り、ヘッドアクセサリーにしたのが新鮮！

浮いているようなアクセサリー

不思議な雰囲気を出すため、ブレスレットや飾りは宙に浮いているようなデザイン。実は魔法の力がなくなると消えてしまうという設定だった。

広がるふんわり感

ミラクルとマジカルのデザインは同時進行。直線的なマジカルに対し、ミラクルはドレスも髪もふんわり。髪型はハーフアップ。

天使っぽさが残るブーツのはき口

マジカルとの対比では「天使と悪魔」案もあり、天使っぽさがブーツのはき口に残っている。ミラクルにマントがないのも、対比させた点のひとつ。

魔法というテーマで新しい特色が生まれた

今までのプリキュアと異なる特色を追求した本作。キャラ数は少ないものの、他のスタイルがあったので、バラエティに富んだ華やかな見た目に。

トパーズスタイル　サファイアスタイル　ルビースタイル

CV. 高橋李依さんに聞きました

パワーをもらえるキュアミラクルのコトバ

“キュアップ・ラパパ！
みんなに、会いたい！”

素直な言葉は力になって、奇跡を起こすんだと教えてもらいました。

キュアミラクルのファッションここがスキ！

全てがキュアマジカルと対になっているところ。ミラクルは曲線的で、マジカルは直線的。どのパーツも、2人合わせて見ることでより素敵なんです。

魔法《まほう》つかいプリキュア!

MAHO GIRLS PRECURE!

キュアップ・ラパパ! ミラクル・マジカル・ジュエリーレ!
ふたりの奇跡、キュアミラクル!

みらいが変身するプリキュア。空から降ってきた魔法つかいの女の子リコと出会い、リコの探し物を手伝おうとする。そこへ怪しい男バッティが現れ、怪物ヨクバールに襲われる。ピンチになったみらいのペンダントが輝き、プリキュアになる。みらいが大切にしている、くまのぬいぐるみのモフルンがしゃべれるようになって大喜び!

朝《あさ》日《ひ》奈《な》みらい

魔法学校の制服

津成木第一中学校に通う、もうすぐ2年生になる13歳。不思議なことやおもしろいことが好きで、好奇心旺盛。後に魔法学校に通うことになる。口癖は「ワクワクもんだぁ!」。

魔法《まほう》つかいプリキュア!

MAHO GIRLS PRECURE!

キュアップ・ラパパ!
ミラクル・マジカル・ジュエリーレ!
ふたりの魔法、
キュアマジカル!

リコが変身するプリキュア。魔法学校の補習を逃れるために「リンクルストーン・エメラルド」を探していると、みらいと出会う。そこでバッティに呼び出された怪物ヨクバールに襲われピンチに陥ったとき、リコのペンダントが輝き、みらいとともにプリキュアになる。

魔法学校の制服

十六夜《いざよい》リコ

魔法学校に通う女の子。勉強は得意だが、魔法は苦手。目標は立派な魔法つかいになること。強い力を秘めた宝石を探しにナシマホウカイ（人間界）に来た。口癖は「計算どおりだから」。

キュアマジカル

ミラクルとの「対比」を念頭に、クールな雰囲気、直線的なラインや小悪魔感などを盛り込んでいる。マントや服の裾がひらひらするのも、小悪魔風の惑わせポイント！

ヘアカットも直線的！シャープさをベースに

羽を広げたコウモリを思わせる髪型は、天使と悪魔の対比の発想から生み出された。前髪や横髪の直線的なカットも、ミラクルのふんわりヘアと対照的！

ブーツの切り込みもシャープなVカット

ブーツの切り込みやロンググローブのカットなどにも直線的なラインを多用。ブーツのシルエットも細身で、ここにもミラクルとの対比が。

肩出しのデザインでお姉さんぽさを強調

シースルー素材のスタンド襟はミラクルと似ているが、マジカルはオフショルダーやホルターネックでよりお姉さんぽく差別化。ブレスレットはお揃い。

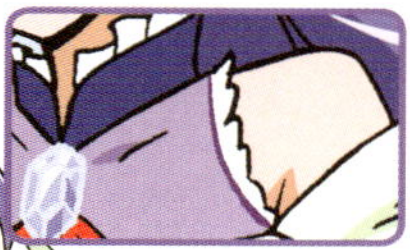

ひらひらと揺れる裾で相手を惑わせる！

マントやスカートには深く切り込みを入れ、動くたびにひらひらと揺れるようデザイン。惑わせたり、術をかけるのが得意な魔女っぽさ満点のディテール。

小さい子が見ても可愛いと思えるものを

過去デザインを参照しつつも、今の子どもたちが素直に可愛いと思えるものを目指した。

トパーズスタイル　サファイアスタイル　ルビースタイル

CV. 堀江由衣さんに聞きました

パワーをもらえるキュアマジカルのコトバ

“キュアップ・ラパパ”

やっぱりまほプリは「キュアップ・ラパパ」でしょうか？魔法を使う時の呪文なのですが、それ以外にも決意をした時や気合を入れる時にも使っていた気がします。

キュアマジカルのファッションここがスキ！

テレビシリーズでは、いろんな服を着ているリコちゃんが見られてとても新鮮で嬉しかったのを覚えていますが、一番好きだったのは海に遊びに行く回の水着です♪　普段の髪型も可愛かったのですが、その時は髪型と普段と違くて新鮮でした！　アニメのキャラクターの髪型が変わるのはレアで楽しいです！

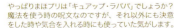

キュアフェリーチェ

フェリーチェは、ミラクルとマジカルのデザイン決定後から着手したが、妖精という立場や存在の特異さから、前のふたりとはまったく異なるアプローチを行った。

女神っぽさを叶える ショートベール

最終的には女神のようになるキャラクターなので、頭をぐるりと囲む花冠にはショートベールをつけ神々しさを演出。目の中には花モチーフも入っている。

編み上げサンダルで 魔法つかいと差別化

足元はサンダルで、ブーツの魔法つかいとの違いを明確に。フェリーチェは貴金属的なアクセサリーはせず、ナチュラルで柔らかな雰囲気が特徴。

誰ともかぶらない！ ハート形の三つ編み

当時流行っていたゆる三つ編みなどもヒントにし、大きなハート形の三つ編みヘアが完成。他のふたりと違う、おでこ出しスタイルもポイント。

妖精感たっぷりの シースルースカート

スカートイメージはスポンサーから相談があったものだが、そのふんわり感をアニメでどう表現するかが課題に。試行錯誤の末、現在のデザインに着地。

魔法で守られているから サンダルにも挑戦できた

本作は魔法で守られていると考え、ガードっぽい衣装は少なめ。サンダルやパンプスなどを取り入れられたのも、「魔法」という新しいテーマがあったからこそ。

CV. 早見沙織さんに聞きました

パワーをもらえるキュアフェリーチェのコトバ

“はぁ――――っ!!”

ということはの口癖。嬉しい時もやる気を出したい時も使える万能なセリフです。

キュアフェリーチェのファッションここがスキ！

胸元のお花のデザイン！ あとはスカートのエアリー感。とにかくお花がいっぱいで最高です。

キュアップ・ラパパ！
フェリーチェ・ファンファン・フラワーレ！
あまねく生命《いのち》に祝福を！
キュアフェリーチェ！

ことは（はーちゃん）が変身するプリキュア。行方不明になった後、強力なヨクバールとの戦いでピンチに陥ったミラクルたちの前に、リンクルスマホンを持って現れ、プリキュアになる。「プリキュア・エメラルド・リンカネーション」はフェリーチェだけが使える決め技。

花海《はなみ》ことは

リンクルスマホンから生まれた妖精の女の子。行方不明になった後、成長して戻ってきた。みらいたちがお世話をしていたため、性格や口癖を受け継いでいる。難しい魔法も使える。

Special interview 2

神木 優　中谷友紀子
宮本絵美子　井野真理恵

プリキュアキャラクターデザイナー＆プロデューサークロストーク

プリキュアの世界観を創り上げる、クリエーターたちのクロストーク！
キャラクターデザインを務めた3名のアニメーターと、プロデューサーに舞台裏を伺いました。

――今回お越しいただいたのは、プリキュアシリーズに関わったクリエーターのみなさんです。神木さんは、『Go！プリンセスプリキュア』『キラキラ☆プリキュアアラモード』のプロデューサーをなさっていますね。

神木優さん（以下敬称略）　はい。プリキュアに関わる前には『美少女戦士セーラームーンCrystal』の担当をしていました。そのときにご一緒していた先輩たちの仕事ぶりが本当にパワフルで。それで、「子ども向けの作品というのは、想像以上にすごいんだ」という思いを持ちました。プリキュアも、関わる方たちのパワーがすごいので、私も負けないよう情熱を持って取り組んでいます。

――まずは、キャラクターデザイナーが決まるまでのいきさつについて伺いたいのですが。『Go！プリンセスプリキュア』のキャラクターデザインは中谷さんですね。

中谷友紀子さん（以下敬称略）　はい。プリキュアのキャラクターデザインはコンペ形式なのですが、私のデザイン画はいちばん最初に届いたみたいです。それがよかったのかなって（笑）。実は私は『ドキドキ！プリキュア』のときもコンペに参加していて。それはダメだったので、「今度は絶対やりたい！」って思っていました。

――『魔法つかいプリキュア！』や『キラキラ☆プリキュアアラモード』はどうでしょうか？

宮本絵美子さん（以下敬称略）　『まほプリ』は私が担当ですが、募集期間はどれくらいだったかな。ただ、決まったと聞いたときは、「いいのかな」って。もちろん嬉しさもありますが、私にできるのかなという不安も大きくて。今までアニメーターとして関わってきたこともあり、歴代の担当者の方が大変そうにしているのをたくさん見てきましたから（笑）。

井野真理恵さん（以下敬称略）　私は『プリアラ』の担当でしたが、私に「決まりました」という正式な告知をいただかないまま作業がスタートしたので、3か月くらいは疑っていましたね（笑）。キービジュアルができてようやく、実感が湧きました。

神木　大プロジェクトなので、関係各所に連絡を入れたり、スケジュールの調整を図っているうちに時間がたってしまったのかもしれないです。

――キャラクターデザインの決定というのは、どんな部分が決め手になるのでしょうか。

神木　決定はもちろん、プロデューサーひとりではなく、何人かの総意となりますが、いちばん見るのは「どんな感性を持っているか」というところだと思います。プリキュアは、小さな女の子の憧れの存在を描いていくので、「可愛い」や「かっこいい」という抽象的な概念に対して、どう向き合い、アプローチしているか。表情やコスチューム、ポージングにも、そのデザイナーさんの意識が表れるので、その辺りはよく見ます。特にプリキュアは、キャラクターデザインが作品の要で、その後のストーリー展開やスポンサーさんとのやり取りにも大きく関わってくるので、いろいろな面から検討させていただいていますね。

――実際にスタートしてからはいかがでしたか？

井野　神木さんの「キャラクターデザインが作品の要」という言葉どおり、自由度がすごく高くて驚きました。「ここも私が決めるの？」というところが多かったですね。

中谷さんの描いた、『Go！プリンセスプリキュア』キュアフローラのキャラクターデザイン画。手袋や袖口など、こまかな設定が描かれている。
右下は、キュアフローラの顔まわりの設定画。

宮本　確かに。驚いたのは、1年を通しての筋などもほとんど決まっていなかったこと。決まっているのはキャラクターの設定的な部分くらいでしたね。

神木　そうなんです。キャラクターデザインからシナリオライターさんが発想して、ストーリーを組み立てていく方式です。だから本当にキャラクターデザインありきで。

中谷　私は単純に、やりたいことを全部やらせてもらえたことが嬉しかったですね。キャラクター原案がない中で、好きなものを作っていいという作品はなかなかありませんから。もちろんスポンサーさんとのすり合わせは必要ですけど。

井野　そうですよね。子ども向け玩具として展開されることが決まっている、というのもなかなかないことですよね。

中谷　本当に。私のときはドレスがいっぱいだったのですが、2WAYにできるものなど、構造を考えながらデザインするのが大変でした。4人のキャラクターに、ひとりあたり4~6パターンのドレスを作らないといけなくて……16パターン以上？

神木　中谷さんには、「もうドレスは勘弁してください」と言われたことを覚えています（笑）。

宮本　『まほプリ』も3人なのかと思ったら、変身パターンが多くて（笑）。髪型や飾りも変えないといけないから苦心しました。

――使うモチーフなどはあらかじめ決まっていたのですか？

宮本　はい。宝石を使うことやカラーなどは、コンペ段階から決められていました。とにかくパターンが多いので、私はキャラクターのイメージを、ミラクルはふわっとした感じ、マジカルはお姉さんっぽい感じと決めて、それを全部の衣装のベースにしながら、あとは宝石の色から連想して、ルビーの赤は情熱的、サファイアの青は大人っぽい感じ、トパーズの黄色は楽しい感じ、というのをミックスしていきました。

井野　『プリアラ』も、スイーツとアニマルというふたつの要素を入れることは最初から決められていました。大変だったのは、キュアショコラですね。みんながわかるようにチョコレートをどうデザインするか（笑）。板チョコがいいかなとか、溶けて垂れている感じはどうかなとか、かなり悩みました。

――コスチュームや髪型のインスピレーションはどこから？

中谷　私はプリンセスがテーマだったので、そのときは古今東西のドレスをたくさん検索しました。ロココ調とか、クラシックなドレスの画像を見ていましたね。髪型はパーティー用のヘアカタログを見たり、雑誌を見たりしました。

井野　『プリアラ』は、スイーツとアニマルがテーマだったので、なかなか普通の衣装資料などは参考にしにくかったですね。一日中ショートケーキを見て考えていたことはありましたが（笑）。なにか面白い形はないかと、アイドルの衣装を見てみたこともありますね。雑誌ももちろん見ますが、意外と自分が実際に会った方の服装や髪型が役に立つこともあるので、それはよく見ているかもしれません。「あの人のあれ、すごく似合ってるな」とか。自分には反映しませんけど（笑）。

――宮本さんの『まほプリ』は？

宮本　私も、「これをチェックしました」っていうのを挙げるのは難しいのですが、街で流行っているものや、流行っているお洋服の着方は意識しました。キュアフェリーチェの髪型も、当時流行っていたゆる三つ編みを使いたいなと思ったのがきっかけ。プリキュアは毎年変わっていくコンテンツなので、そのときどきの流行感を多少は取り入れてもいいのかなと思っていました。

神木　まさにそうです。プリキュアは、ひとつの絵、ひとつの世界観で何年も続くものではなく、どんどん新しい「可愛い」や「かっこいい」が現れるところも特色です。世の中にはみんなが「可愛い」と思うことはいろいろあって、でもその中で、今のプリキュアはこういうものを出したい、と打ち出してもらうのもキャラクターデザイナーさんに委ねている部分でもあります。

宮本さんの描いた『魔法つかいプリキュア！』キュアミラクル（左）とキュアマジカル（右）の設定画。基本スタイルの他に、ルビー、サファイヤ、トパーズの3つのスタイルがあった。

それにしても、シリーズを何作か担当させていただいて、改めてキャラクターデザインというのはすごいお仕事だなと思っています。私たち制作側は、例えばリサーチデータなどを参考にしながら企画書を作りますが、そこはほとんどが頭で考えている部分。『プリアラ』の主人公なら「うさぎとショートケーキを掛け合わせよう」と決めたけれど、じゃあそのビジュアルって？　となったときには、もう言葉にしようがないんです。頭で考えたものを感覚的なものとしてアウトプットするというのは、とても難しいことなので、本当にすごいと思っています。

――キャラクターデザインを担当されたみなさんは、それまでもアニメーターという立場でプリキュアに関わっていらしたそうですね。キャラクターデザインを実際に担当されてみて、どんなことを思われますか？

とにかくやりたいことを全部やらせてもらえて嬉しかった（中谷さん）

中谷　私はやっぱり、スケジュールのことを思い出しますね。「こんなに大変だとは！」（笑）って。同じスタッフルームで、毎年毎年、全部を一新して。歴代の方たちは、本当に苦労されてたんだなって思いましたね。

宮本　1年で内容がガラリと変わりますよね。

井野　準備期間も短くて。ほかの作品は、もう少し前から準備することができますが、プリキュアは半年もないくらい。とにかく短期間にたくさんのことを決めなければいけないので、そこが大変でしたね。

神木　前シーズンの反響を受けて、それを反映したりもするので、どうしても準備のスタートが遅くなってしまうんですよね……。作る側としては苦しいですよね。

井野　私が辛かったのは、私自身が、中谷さん、宮本さんより、本編に全然関われていないところなんです。つまり、私がキャラクターデザインをしたけれど、私がいちばん「キャラを描いてない」という状況で。

中谷　ああ〜！（笑）。

宮本　ありがち！（笑）。

井野　アニメーターって、今までずっと本編をやっているから、本編に関わっていないと「やっていない」という感じがするんですよね。

宮本　わかります。以前は、キャラクターデザイナーが、各話の作画もチェックしていましたよね。ただ、そうなると量がすごくて、全然追いつかない（笑）。それで今は「総作画監督」というポジションを作って、2人体制でアニメーターさんたちの作画を確認しているんです。

井野　私もバンク（※変身シーンなど、何度も使う映像部分）や、メインキャラクターの最初の登場シーン、最終回はやったんですけど。でもやっぱり、本編をもっとやりたかったですね。そのキャラクターの成長過程は1年あるわけで、キャラクターの人格は本編で作られるものだから。そこが今思い出しても、辛いところですね。

街で流行っているお洋服やヘアスタイルは意識します（宮本さん）

——ここからは、アニメーターのみなさんのルーツや、このお仕事に就かれた経緯などをお伺いします。まずは、子どもの頃に見ていたアニメなどから教えてください。

宮本　記憶にあるのは『ビックリマン』ですね（笑）。

中谷　私は『夢のクレヨン王国』をよく見ていました。あとはやっぱり、『美少女戦士セーラームーン』！

井野　私も見ていました！

中谷　よく模写をしませんでした？

宮本　いろいろな作品、コミックやイラストなどの模写をたくさんしましたね。

井野　私は『セーラームーン』はよく見ていましたが、模写っていうのはあまりしたことがなくて。

一同　えーっ!!

井野　でも、透明の下敷きをテレビの画面にくっつけて、お気に入りのシーンを描いたりはしていました。しましたよね？　あれ、それはみなさんしていないんですか（苦笑）。

——みなさん、やっぱり絵を描くことはお好きだったんですね。アニメーターになったきっかけは？

中谷　私の場合は、もともと絵を描くのは好きだったので、高校はデザイン系に進みました。卒業時に進学か、就職か迷ったときに「もう進学はいいか」と思って、アニメーション制作スタジオに入社しました。そして、今に至ります。

宮本　私もやっぱり絵を描くのが好きで、途中から「仕事になればいいな」とは思っていました。それで、もう今はないですけど、東映アニメーション研究所というところに行ったのが、東映でお仕事をするきっかけになりましたね。アニメーターはだいたいそうだと思いますが、最初は動画の仕事をして、そのあと原画担当になる。原画の仕事をしていたときには、初代のプリキュアのキャラクターデザインをされた、稲上晃さんに見ていただいていました。

中谷　その頃はまだプリキュアは始まっていないですよね。

宮本　まだですね（笑）。

井野　私も絵を描くのは好きだったのですが、仕事として何をやりたいかはなかなかはっきりせず、就職活動に出遅れてしまったんです。大手はすでに終わっていたこともあり、自分から連絡した作画スタジオに入社したのが、スタートですね。私も動画制作から始めました。

——動画制作から原画へ、キャリアを重ねるとみなさん「オリジナルキャラクターをやってみたい」と目標を持たれるものでしょうか。

井野　うーん、人によると思いますが、私は「やりたくてやりたくて」というのとは違いましたね。というのも、私にはいつも「自分ができないこと」というのが目前にあって。それをどうにかしなければ、と思っていると、なかなかその先の夢や未来までは考えられなくて。まわりには、上手な方もたくさんいらっしゃったので、まず、そのレベルについていくだけで精一杯、というのが本音でした。

プリキュアのキャラクターデザインにチャレンジしないか、というお話をいただいたときも、すごく悩んで。コンペに出すからには受かりたいし、でも受かったら、本当に自分にできるのかなって……。アニメーターとして長い間仕事をしていますが、そこにはどうしても自信が持てないんですよ。

一同　（深く頷く）。

宮本　すごくわかります。やっぱり選んでもらったからには頑張ろうと思うのですが、常に不安がつきまとって。先ほどもありましたが、キャラクターデザインは、本当に作品の「顔」なので、他の人から見ても見本となるものを出さなきゃいけない。アニメーターって"自分との戦い"みたいなところがあるのですが、それがさらに救いがなくなるのがキャ

アニメーターにはいつになっても課題がありますね（井野さん）

ラクターデザインですね。

中谷　誰にも聞けないし。自分で決めなきゃいけないんですよね。

井野　「作ってる人」ということになりますからね。

――5歳の頃に初代のプリキュアに憧れていた子どもたちは、今や20歳前後。当時のご自身の思いやメッセージがあればお願いします。

井野　うーん、その頃は私はちょうど働きはじめたくらいですね。

中谷　そうそう。毎日忙しすぎて、何も考えられなかった時期。

宮本　もしも仕事をしていたら、続けるかやめるか、最初の山にぶつかる頃じゃないですか（笑）。

――山を越えられたのはいつ？

井野　（力強く）私は今も全然越えていません！

宮本　私もまだです（笑）。

中谷　越えたとか言い出したら、終わりだと思いますよ！

一同　（笑）。

井野　まぁ、いつまでも課題がありますね。アニメーターって結局絵を描いているということは同じだけど、作品は常に変わっていくので、求められていくことも変わっていくし。

宮本　絵柄も変わっていきますからね。イマドキの絵を描けるようにしないといけない（笑）。

中谷　「続けられる」ってことも才能のひとつという気がしています。私も最初の頃はきつかったですが、とりあえず3年は頑張ろうって決めて、なんとか続けていました。

井野　とりあえずの目標を決めるといいかもしれないですね。

中谷　そうですね。最近はせっかく仕事を始めても、すぐに辞めてしまう子が多くて。どの仕事もそうだと思いますが、合うかどうかはゆっくり見極めてみてもいいのにって、思っちゃいますね。

井野　難しいですよね。みんな大変だとは思うので。

宮本　私たちもいまだに悩みながらやっていますしね。

中谷　一般的な20歳の方のことはわかりませんが、自分が思う幸せを追い求めて、頑張ってほしいです。

――神木さんは？

神木　私は20歳の頃はまだ学生だったので、他のみなさんとは少し違いますが、当時はスポーツに熱中していました。一見すると、今の仕事に直接結びついているように見えないかもしれませんが、どんな分野でも「もう、それしか見えない」というほど、感覚も、気持ちも振り切って集中する体験って貴重なのではないかと思っています。そこで極めた経験は、自ずと次の道に通じると思うので……そんな自分の時間を大切にしていただけたらと思います。

井野さんの描いた『キラキラ☆プリキュアアラモード』キュアホイップと宇佐美いちかの設定画。ショートケーキ柄のスカートに白いオーバースカートが重ねられているなどの細かな設定が。

Profile

神木 優（かみのき ゆう）

2011年東映アニメーション入社。『スイートプリキュア♪』『スマイルプリキュア！』でアシスタントプロデューサーを務めたのち、『美少女戦士セーラームーンCrystal』のプロデューサーを経て、『Go！プリンセスプリキュア』『キラキラ☆プリキュアアラモード』のプロデューサーを務める。

中谷友紀子（なかたに ゆきこ）

アニメーター。『Go！プリンセスプリキュア』で、キャラクターデザインを担当。『Yes！プリキュア5』『Yes！プリキュア5 Go Go！』時、玩具のCM動画の原画制作の仕事で関わったのが最初。

宮本絵美子（みやもと えみこ）

アニメーター。『ふたりはプリキュア』から原画で参加。『魔法つかいプリキュア！』でキャラクターデザインを担当。『HUGっと！プリキュア』では総作画監督を務める。

井野真理恵（いの まりえ）

アニメーター。『Yes！プリキュア5』で参加。『キラキラ☆プリキュアアラモード』でキャラクターデザインを担当。

2017-2018

キラキラ☆プリキュアアラモード

キャラクターデザイン：井野真理恵

スイーツ大好きな中学２年生の宇佐美いちかは、ある日、空から降ってきた妖精ペコリンと出会う。
すると街には不思議な事件が起こり、犯人はスイーツに宿る「キラキラル」を抜き取って、
スイーツを真っ黒に変えてしまう。いちかが母親のためにうさぎショートケーキを完成させると、
伝説のパティシエ・プリキュアへと姿を変える。
プリキュアたちがみんなの「大好き」を守るために立ち上がる。

いちかが変身するプリキュア。母親のために作ったケーキを食べてもらえないと諦めていたが、ペコリンの言葉で考えを改めると、いちかはキラキラルの光に包まれる。「うさぎショートケーキ」を完成させると、プリキュアになる。決め技は「ホイップ・デコレーション」。

キュアラモード・デコレーション！
ショートケーキ！
元気と笑顔を！
レッツ・ラ・まぜまぜ！
キュアホイップ！
できあがり！

キラキラパティスリーの制服

宇《う》佐《さ》美《み》いちか

いちご坂中学校に通う、中学2年生。明るい性格でお調子者。スイーツが大好きでやる気はあるが、作るのは苦手。でもスイーツにデコレーションするのは得意。口癖は「キラっとひらめいた！」。

キュアホイップ

「動物とスイーツ」をテーマにした作品。母への想いを込めたケーキを守ろうとして、宇佐美いちかが変身するのがキュアホイップ。最初にイメージが固まったキャラクターであり、全身のシルエットもほぼ初案のまま。

Fashion Point

耳が片方折れているのも可愛いポイント！

キュアホイップのうさぎの特性は、大きな耳のカチューシャとアニマルトウブーツで表現。ローヒールブーツなら、得意の大ジャンプも繰り出しやすい。

スカートのデザインにスイーツモチーフを

シルエットは決まっていたものの、スカートのディテールが決まるまでに時間がかかった。最終的にはケーキの断面をグラフィカルにデザイン。

特性と個性をどう表現していくか

動物とスイーツ、2つのテーマとキャラクターの個性を結びつけて表現するのがやや難しかった。反対に、テーマに助けられ幅が広がった部分もあった。

頭にはスイーツ！わかりやすさを第一に

小さい子から見てもなんのプリキュアなのかが一目でわかるよう心がけた。キュアホイップは大きなイチゴをのせたショートケーキが目印。

ホイップクリームみたいなふんわり袖♡

ホイップクリームやイチゴをたっぷり使ってショートケーキを作りながら変身するので、袖やスカートもクリームのようなふんわり感を意識。

CV. 美山加恋さんに聞きました

パワーをもらえるキュアホイップのコトバ

“大好きがあったからみんなと出会えた。
それぞれ違う大好きがあるからこそ、
未来に向かって歩いていける。
自分だけの大好きがなくなったらそれはもう
私たちじゃない”

まさに今まで全てを現したセリフです。プリアラを観てくれていた子にも、なにかを大好きになることを大切にしてほしい！

キュアホイップのファッションここがスキ！

ボリューミーな髪の毛かなー。2017年の春映画の時には、最後の決め技がホイップの髪の毛だったくらい、存在感がすごい！　オールスターズのポスターでも一番面積をとってる気が……（笑）。

キュアカスタード

有栖川ひまりが変身する、りすとプリンの特性を持つプリキュア。耳のカチューシャやしっぽは、原案ではやや小さめだったが、動物の特性を出すにあたり、修正を重ねてどんどん大きく変わっていった。

Fashion Point

りすの特徴である しっぽは大きく！

りすの大きなしっぽは、小柄なキュアカスタードではいっそう強調される。アニマル要素は足先にもしっかり反映。キュアカスタードの靴はサンダル型。

技でも使われる さくらんぼモチーフ

キュアカスタードの技でも使われるさくらんぼを、チョーカーやイヤリングのパーツとして使用。プリンを彩る真っ赤なさくらんぼが、コスチュームでも絶妙なアクセントになっている。

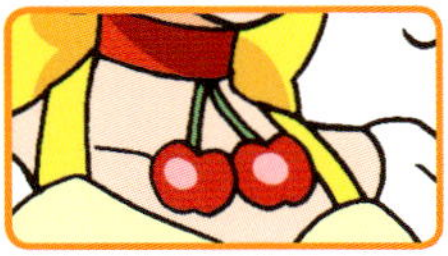

Side　Back

サイド結びのポニーは りすのしっぽから発想

高い位置で結んだボリューミーなポニーテールは、りすの大きなしっぽをイメージ。元気感のある髪型は、俊敏で小回りが利くキャラクター性にもマッチ。

スカート全体が プリンのデザイン！

スイーツモチーフを使うと決めたスカートはプリンをイメージした茶色と黄色のバイカラー。実際の服でも再現しやすい、ボックスプリーツのスカートに。

バラバラでいい、 というのがテーマ

その子の個性や人格を、変身したときのスタイルに反映させる狙いがあった。スイーツのことなら何でも知っている有栖川ひまりは知性と勇気がテーマだった。

CV. 福原遥さんに聞きました

パワーをもらえるキュアカスタードのコトバ

“私らしく頑張ります”

自分らしく頑張ればいいんだ！　という勇気が届いたら嬉しいです！

キュアカスタードのファッションここがスキ！

リスのしっぽがとても可愛くて愛らしいのと、やっぱり大好きなプリンがついているのがポイントです！　ひまりらしい要素がはいっていてとても嬉しい。

キュアラモード・デコレーション！ プリン！
知性と勇気を！ レッツ・ラ・まぜまぜ！
キュアカスタード！
できあがり！

ひまりが変身する知性と勇気のプリキュア。いちかと一緒に作ったプリンを狙ってプルプルが出現。プリキュアに変身して頑張るいちかを助けたいとひまりが思うと、「りすプリン」のキラキラルの力でプリキュアになる。「カスタード・イリュージョン」で、黄色のクリームエネルギーを敵に放つ。

有栖川《ありすがわ》 ひまり

キラキラパティスリーの制服

いちご坂中学校２年生。いちかと同じクラスに在籍。普段は臆病だが、スイーツの話になると止まらず、みんなから頼られる。口癖は「スイーツは科学です！」。

キュアラモード・デコレーション！ アイス！
自由と情熱を！ レッツ・ラ・まぜまぜ！
キュアジェラート！
できあがり！

キラキラパティスリーの制服

立神《たてがみ》あおい

いちご坂中学校２年生。情熱的で気が強く、自由奔放な性格。歌が好きでロックバンド「ワイルドアジュール」のボーカルを担当。口癖は「燃えてきた――！」。

あおいが変身するプリキュア。いちかとひまりが作ったアイスを食べてコンテストで発表する歌詞を思いつくが、そのアイスを狙ってホットーが出現。いちかたちがプリキュアになって戦う姿を見て空に吠えると、「らいおんアイス」のキラキラルが反応してプリキュアに変身。決め技は「ジェラート・シェイク」。

Cure Gelato

キュアジェラート

バンド活動をする立神あおいが変身する、情熱的で勇敢なキュアジェラート。ライオンとアイスがテーマだが、「みんながイメージするアイス」をどう表現するかに悩んだ。実はお嬢様育ちで女の子らしいところも裏テーマ。

ちょっとハードな革ジャン風

私服では革ジャンを愛用しているバンドガールなので、上半身はレザージャケットでハードな雰囲気を残した。雪っぽい白のモコモコでボリュームアップ。

ボリュームヘアはライオンのたてがみ風

ヘアスタイルはライオンのたてがみをイメージ。アラモードスタイルになるとさらにボリュームアップする。百獣の王なので小さな王冠をアクセサリーに。

丸いアイスクリームをそのままスカートに！

「みんなが考えるアイス」を突き詰めた結果、スカートは丸くふくらんだバルーン型に。元気だけど女の子らしいキャラクターに合うようフリルも加えた。

実はお嬢様という設定は決まっていた

ロックが好きで情熱的だけれど、実はお嬢様でもある……という個性をどう表現しようか悩んだ。髪型を女の子っぽくしたり、フリルを足したりした。

右側だけをあげるニーハイソックス

変身前のファッションの好みも反映したくて、ソックスは右側だけをあげたスタイルに。ブーツも少し男の子っぽいものにして、ロック好きらしく。

CV. 村中知さんに聞きました

パワーをもらえるキュアジェラートのコトバ

うおおおー
燃えてきたーー！！！

ですかね。テンション上がるし個性が出てるセリフなので。

キュアジェラートのファッションここがスキ！

八重歯。ライオンらしさもあるし、彼女のニシシと笑うような性格が表れてると思うので。変身バンクで大きなお口が見えるので是非。

キュアマカロン

登場するプリキュアの数が多い作品では、「違いや個性をどう出すか」も悩みどころ。キュアマカロンは年齢も少し上で、よりお姉さんらしく、子どもたちに憧れてもらえるようなキャラクターを目指した。

チョーカーのリボンは
まるでねこのしっぽ！

キュアマカロンの特性はねこ。首元で結ぶ大きなリボンがいかにもねこっぽいのと、垂れ下がるリボンもしっぽのように気まぐれに揺れ、優雅なイメージ。

バルーンスカートで
マカロンの丸みを表現

バルーンデザインは後から決まったが、俊敏なねこには最初からミニボトムの構想はあった。色の切り替えやドレープでクリームやソースまで美しく表現。

憧れの存在に
なることも目的！

気まぐれだがさびしがりやの琴爪ゆかりが変身するのがキュアマカロン。子どもたちにも、お姉さんぽいマカロンの魅力が受け入れられ、目的が果たせた。

上品な肌見せも
キュアマカロンならでは

パフスリーブはキュアホイップと似ているが、デコルテが広めに開いた胸元のデザインや、上品で大人っぽいロンググローブで上半身の印象を変えている。

ヒールやアンクレットで
ほんのり大人に

相手を翻弄するのが得意なプリキュアなので、大人っぽくて女性らしいディテールをプラス。ピンヒールのニーハイブーツやアンクレットがキーアイテムに。

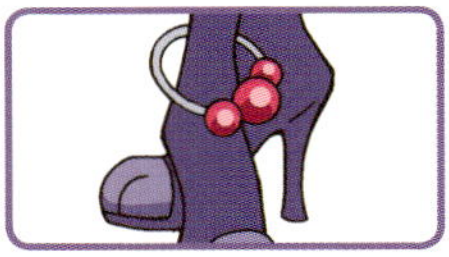

CV. 藤田咲さんに聞きました

パワーをもらえるキュアマカロンのコトバ

“ 型をどれだけマネようと、
大切なのは心よ ”

プリキュアに憧れる皆に伝えたい、ゆかりが見つけた想いの全てだと思います。

キュアマカロンのファッションここがスキ！

何1つ欠けても琴爪ゆかりではなくなるその存在感。弱ささえ好きといえる子供時代のゆかりを抱きしめたシーンが大好きです！

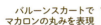

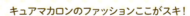

キュアアラモード・デコレーション！　マカロン！
美しさとトキメキを！　レッツ・ラ・まぜまぜ！
キュアマカロン！
できあがり！

ゆかりが変身するプリキュア。いちかが作った「ねこマカロン」を狙って、マキャロンヌが出現。マカロンを守るためにプリキュアに変身したいちかたちをゆかりが守ろうとしたとき、プリキュアになる。「マカロン・ジュリエンヌ」でマカロン形のクリームエネルギーを飛ばす。

琴爪《ことつめ》ゆかり

キラキラパティスリーの制服

街で噂の美人高校2年生。いちご野高校に通う。上品で気まぐれな性格。いちかにマカロン作りに誘われて簡単に完成させるなど、手先も器用。口癖は「面白いわ」。

Cure Chocolat

キュアラモード・デコレーション！　チョコレート！
強さと愛を！　レッツ・ラ・まぜまぜ！
キュアショコラ！
できあがり！

キラキラパティスリーの制服

剣城《けんじょう》あきら

いちご野高校2年生。面倒見が良く、周りから頼りにされる存在。離れて暮らす病弱な妹・みくのためにチョコレートを贈っている。口癖は「よしよし」。

あきらが変身するプリキュア。妹のために用意したチョコをビタードに奪われて落ち込んでいると、いちかから「いぬチョコレート」をもらう。再びビタードが現れると、いちかを守るためにプリキュアになる。「ショコラ・アロマーゼ」が決め技。

キュアショコラ

ボーイッシュな女の子、剣城あきらが変身するキュアショコラは犬とチョコレートがテーマ。「みんながイメージするチョコ」の表現に苦労しつつも、冒険していいキャラクターとして、新アプローチに挑戦。

Fashion Point

犬の特性はワイルドなディテールに！

キュアショコラの変身アニマルは犬。最初はオオカミだったので、ブーツのはき口や襟元にフサフサしたワイルドな名残がある。大型犬のイメージ。

くびれを強調して女性らしいフォルムに

キュアショコラは男の子ではないので、チュニックはベルトで締めてくびれを強調。ボディのメリハリやニーハイソックスで女性らしさを出している。

あまりなじみのない茶色の使い方に苦戦

チョコの茶色は、みんながすごく好きな色というわけではないので使い方に苦労した。イメージカラーの赤との組み合わせで気品やかっこよさを表現できた。

袖部分は王子様の衣装をイメージ

チョコらしさは、形よりも色の組み合わせで見せようと考え、お菓子のパッケージ風ストライプを袖に。王子様らしいボリュームやカフスで上品ムードに。

プリキュアの伝統を破る光沢レザーパンツ

キュアショコラは冒険枠だったので、プリキュアの伝統的なレギンスでなく、チョコっぽいテカリのハイライトを入れたレザーパンツで個性を出している。

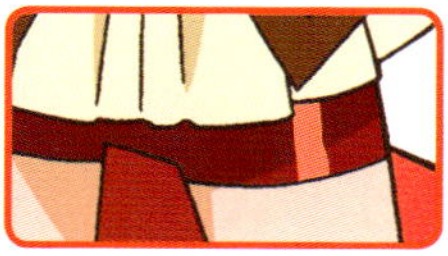

CV. 森なな子さんに聞きました

パワーをもらえるキュアショコラのコトバ

“ 私は絶対に、誰も犠牲にしない！ ”

30話でのセリフです。こんな人がそばに居てくれたら良いですよね。私もこんな強さを持てたらと、憧れすら感じます。

キュアショコラのファッションここがスキ！

ハットがお気に入りです。変身バンクで、つばを指でなぞるところは拘りを感じましたし、懐かしい気持ちにもなりました。ここで申し上げておきますが、私、ショコラの変身バンクが大好きなのです。

キュアパルフェ

他の５人のプリキュアが決まってからデザイン。ペガサスとパフェがテーマのキュアパルフェは、プリキュアに憧れる妖精キラリン（キラ星シエル）が変身した姿。イメージカラーの虹色をどこに使うかにもかなり迷った。

Fashion Point

顔まわりには フルーツのモチーフ

変身の途中にも次々と登場する、オレンジやメロン、パイナップルなどのカラフルなフルーツを、アクセサリーのように上半身にデコレート。

「もっとカラフルに」と追求した

パフェだと一目でわかるようなデザインに悩んだ。赤だとイチゴパフェだと限定されてしまうので、フルーツパフェに近づけようと虹色を様々なフルーツに見立てた。

最初の案で決まらず 何度も作り直し

最も悩んだキャラクターで、２度、３度と作り直した。配色で印象が激変する、スカートのひだの枚数と色の順番を決めるのにもかなりの時間がかかった。

パフェの器を逆さまにしてワンピースに！

絶対に使おうと思ったのがパフェの器。水色のワンピースをガラスの器に見立て、そこからカラフルなフルーツやクリームがあふれ出ているイメージに。

ペガサスのひづめを 彷彿とさせる厚底ブーツ

空を飛べるキュアパルフェには、ペガサスの羽根やしっぽ、ひづめを思わせるような厚底ブーツが。今までの流れで動物パーツの入れ方はすんなり決定。

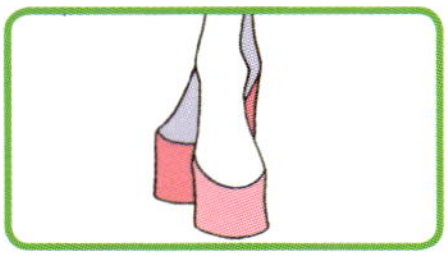

CV. 水瀬いのりさんに聞きました

パワーをもらえるキュアパルフェのコトバ

“夢と希望を！
レッツ・ラ・まぜまぜ！”

大好きな掛け声です！　夢と希望、年齢を問わずまぜまぜし続けていきたいと思います！

キュアパルフェのファッションここがスキ！

目の中がキラキラ！　あとは技の最後に発する、「ボナペティ☆」ですね！　あの個性は誰にもないと思います！

キュアアラモード・デコレーション！ パフェ！
夢と希望を！ レッツ・ラ・まぜまぜ！
キュアパルフェ！
できあがり！

Cure Parfait

シエルが変身するプリキュア。弟のピカリオを追いつめたと知り、絶望していたシエル。ピカリオが心を込めて思い出のワッフルを作って生み出したキラキラルで希望を取り戻し、キラキラルでスイーツを作り、プリキュアになる。「キラクル・レインボー」が決め技。

キラキラパティスリーの制服

キラ星《ほし》シエル

フランスからやってきた有名な天才パティシエ。その腕前に感動したいちかが弟子入りを申し出るほど。その正体は妖精のキラリン。口癖は「トレビアン！」。

Column 9

男子キャラクタースタイル図鑑②

ヘアスタイル、服装とも個性が目立つ後期。プリキュアを温かく見守り、ともに戦い、ときには憧れの存在でもある男子キャラクターはプリキュアシリーズの見どころのひとつ！

Go！プリンセスプリキュア
カナタ王子

←ホープキングダムの王子様。

ドキドキ！プリキュア
ジョー
（ジョナサン・クロンダイク）

←トランプ王国の戦士。

ハピネスチャージプリキュア！

相楽誠司

↑（左）めぐみの幼なじみ。

ブルー

↑（右）地球の精霊。

キラキラ☆プリキュアアラモード
ピカリオ

↓キラリンの弟。人間の姿。

スマイルプリキュア！
ポップ

↓メルヘンランドの妖精、ポップが人間に変身した姿。

HUGっと！プリキュア
ハリハム・ハリー

←未来からやってきたハムスター。人間の姿。

魔法つかいプリキュア！
校長

→魔法学校の校長で、偉大な魔法つかい。

2018-2019

HUGっと！プリキュア

キャラクターデザイン：川村敏江

超イケてるお姉さんになりたいと思う13歳の野乃はなは、
転校初日から前髪は切りすぎ、遅刻するなど大騒ぎ。
その夜、はなのもとに空から不思議な赤ちゃん、はぐたんが降ってくると、
クライアス社という悪の組織が現れる。「はぐたんを守りたい！」というはなの気持ちで、
はなは元気のプリキュア、キュアエールに変身。
なんでもできる！　なんでもなれる！　輝く未来のために、はなは全力で頑張る。

キュアエール

各キャラクターの性格設定が事前にしっかりあり、ある程度先までのストーリー展開が見えていたためデザインはスムーズに決定。エールは、「前髪を失敗して切りすぎたけれども可愛く見える」がテーマ！

Fashion Point

まつげはペーパーアイラッシュを参考に

これまでと違うアプローチを考え、ペーパーアイラッシュのディテールを大きめにして採用。最初は悪目立ちしたが、色素を薄くすることで軽さを出した。

苦肉の策としてポンポンを多用！

カフスやソックスなど、今まで共通だった部分にも変化を。悩んだ末、チアのポンポンをつけることに。クローバーイヤリングは職業体験の花屋からの発想で。

斜めパッツンはエールの最大の特徴！

最初に決まっていた「切りすぎた前髪」を守りつつ、他の部分は自由に。おだんごにリボンを巻きつけ、たくさんの花で飾るアイデアが新鮮で個性的！

チアガール風のへそ出しスタイル

へそ出しコスチュームやスニーカーはチアガールから発想される元気さやスポーティさをイメージ。腕のシースルーパーツも軽やかなポイントに。

ほぼ最初のデザインが採用になった

エールのコスチュームはチャイナっぽい雰囲気もあるが、意図的なものではない。健康的な露出はあってもいいと考え、へそ出しにしている。

Side Back

CV. 引坂理絵さんに聞きました

パワーをもらえるキュアエールのコトバ

“めちょっく（変顔）”

めちょっく＝めっちゃショックの略で、ポジティブな言葉ではありませんが、めちょっくって言うときは、変顔かつギャグ的な場面になるので、言った後に何故か元気になるというか……。今見ている子供たちとも一緒に変顔しながら笑顔で言いたいです（笑）。

キュアエールのファッションここがスキ！

靴が好きです。私自身も普段からスニーカーを愛用していて、あんなに可愛いピンクの靴なら欲しいです！ 作品の中でも、エールが飛んだりキックしたりと、あの靴が実際にあれば、テンションも上がって元気いっぱい過ごせそうだなと思います（笑）。

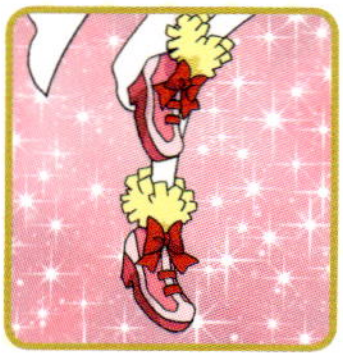

ミライクリスタル! ハート、キラっと!
みんなを応援!
元気のプリキュア!
キュアエール!

中学２年生の野乃はなが変身する、元気のプリキュア。ある日、空から降ってきた赤ちゃん、はぐたんと出会い、はぐたんを守りたいと強く願い、プリハートとミライクリスタルを使って「めっちゃイケてる」プリキュアに変身した。「フレフレ! みんな!　いっくよー!」

Cure Yell

野乃《のの》はな

ラヴェニール学園に転校してきた13歳の女の子。超イケてる大人のお姉さんに憧れ、好奇心旺盛。なんでも頑張ってチャレンジしようとする。ことりという名前の妹がいる。

中学2年生の薬師寺さあやが変身する、知恵のプリキュア。母親が女優である家庭に育ち、同じ道を目指していたが、自分が本当にやりたいことに迷っていた。もっと強くなりたいと願い、プリハートとミライクリスタルを使って、みんなをいやすプリキュアに変身した。

ミライクリスタル！ ハート、キラっと！

みんなをいやす！

知恵のプリキュア！

キュアアンジュ！

薬《やく》師《し》寺《じ》さあや

ラヴェニール学園に通い、学級委員長を務める。成績優秀で容姿端麗、みんなに優しいことから「天使」と呼ばれている。幼い頃は人気子役としてCMなどに出演していた。

キュアアンジュ

アンジュとエトワールは試行錯誤したキャラクター。アンジュはイメージカラーのブルーをベースに、「無償の愛」からの発想で、聖母マリアやナイチンゲールをイメージ。過去のキャラクターに似ないよう苦心した。

アイラインの真ん中はカラーが違う！

アイラインの真ん中を薄いカラーにして、目元の軽さと立体感を狙っている。性格と目の形は逆にしており、優しいアンジュはあえてつり目に。

ドレスは聖母マリアの絵画に着想を得た

ひだつきで後ろが長いスカートは、聖母マリアの絵画でよく見る衣装を参考に。流行のフィッシュテールを取り入れ、変形版は動きが出て楽しげに。

共通項を作るよりそれぞれを掘り下げた

今回はチームっぽくというより、バラバラの個性を出していくというコンセプト。そこで、共通部分より、個性を出すディテール作りに重きを置いた。

カチューシャはナース帽をアレンジ

髪飾りや袖のデザインに天使の羽のモチーフをアレンジ。アンジュのコスチュームも、流行のシースルー素材を袖部分に使用し、軽やかさを出している。

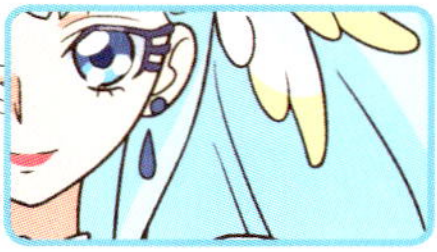

イヤリングは垂れるタイプに

エールは直接耳につけるタイプだが、アンジュは耳から垂れるタイプ。垂れるタイプは玩具として作りにくいなど懸案事項はありつつも、可愛さを優先。

CV. 本泉莉奈さんに聞きました

パワーをもらえるキュアアンジュのコトバ

天使の中には、強さもあるの！

「天使の中には、強さもあるの！」このセリフはいつも優しいアンジュから大好きな仲間を守りたい気持ちが溢れた、前へ進もうとする心と強さです。仲間がいることは本当に素敵なことだなと感じます。

キュアアンジュのファッションここがスキ！

私は変身バンクの流し目と太もものアップがとても好きなのですが、普段スカート長めなさあやの太ももが出るアンジュの服は最高だと思います。

キュアエトワール

キャビンアテンダントとフィギュアスケート選手という難しいテーマ。CA をデザインに落とし込むのに工夫を要した。バルーンスカートにマント、カフス、ヒールサンダルとスタイリッシュで大人っぽいイメージ。

Fashion Point

星を散らしたキュートなサイドテール

初期はツインテールを考えていたが、可愛らしくなりすぎて変更。変身前よりカールを強くし、星の飾りでポップな印象に。ピアスも星形。

今どき感を取り入れた瞳の表現にも挑戦

歴代との違いを出すため、瞳の表現も変更。光彩を表す線をやめ、代わりに映り込みっぽい薄い色を瞳の下部に入れる、今どきな表現を採用。

ミニスカートには太ももにアクセントを

バルーンスカートもスポンサーからの提案。やや短めなので、太ももにはガーターベルト風のアクセントを。背が高いので靴のソールは薄く、ヒールだけに。

マントは飛行機の羽根のイメージ

首のスカーフやカフス、帽子のヘッドアクセでCAっぽさを出している。ペプラムトップスは玩具会社からの提案だが、裾を伸ばし二重スカート風にした。

Side Back

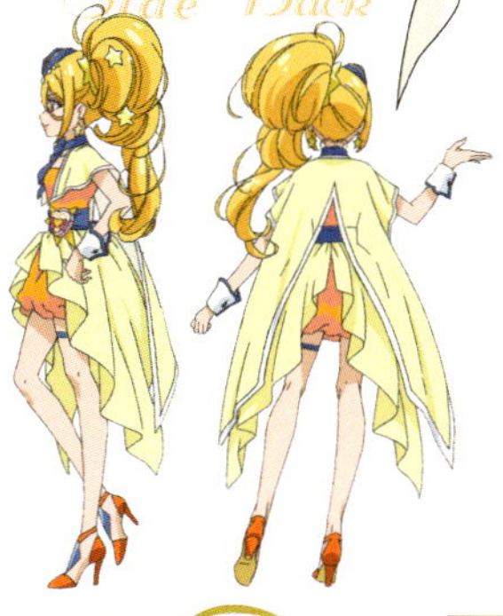

ドレスの上半身はレースアップ案も

上半身はレースアップにする案もあったが、色をのせてみるときれいに見えなかったので、削ぎ落としていった。最後はシンプルで動きやすいデザインに。

CV. 小倉唯さんに聞きました

パワーをもらえるキュアエトワールのコトバ

“きゃわたん♥”

「きゃわたん」です。はぐプリ本編でもよく登場しますが、人に対して素直に褒めるのが恥ずかしい時などに、このきゃわたんを使えば気軽に相手のことを褒められると思うので、ぜひ活用して広めてください♪

キュアエトワールのファッションここがスキ！

ほまれの私服では、オフショルダーにフリルがついたデザインのトップスが大人っぽいけれど洗練された可愛さもあり素敵だなぁと思います。キュアエトワールの時には、脚に巻きついているガーターリングがセクシーでお気に入りです。

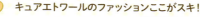

Cure Étoile

ミライクリスタル! ハート、キラっと!
みんな輝け! 力のプリキュア! キュアエトワール!

中学2年生の輝木ほまれが変身する、力のプリキュア。もともとはフィギュアスケートの選手だったが、ジャンプに失敗して以来、スケートから距離を置いていた。もう一度跳びたいと強く願い、ミライクリスタルを手に入れてプリキュアに変身。

輝木《かがやき》ほまれ

ラヴェニール学園に通う。おしゃれでスポーツ万能。クールな性格だが、可愛いものが好きではぐたんの仕草を見て「きゃわたん!」とはしゃぐ一面も見せる。

HUGっと！プリキュア

HUGTTOT PRECURE

ミライクリスタル！
ハート、キラっと！
みんな大好き！
愛のプリキュア！
キュアマシェリ！

小学６年生の愛崎えみるが変身する、愛のプリキュア。大好きなギターへの想いを受け入れてくれたルールーと２人でプリキュアになりたいと、お互いを想い合う気持ちが奇跡を起こし、1つだったプリハートが２つになり、ルールーと一緒に変身することができた。

愛崎《あいさき》えみる

はなの妹・ことりの同級生。ヒーローが大好きで、プリキュアへの憧れも強かった。絶対音感の持ち主で、歌うこととギターの演奏を得意とする。ルールーとは親友になる。

キュアマシェリ

マシェリとアムールはアイドルがモチーフ。双子コーデにしたいとの意図もあり、並んだときにシンメトリーになるようなデザインに。共通モチーフを使いながらも、それぞれの個性が際立つアプローチを模索した。

Fashion Point

ポップでリズミカルなツインテール

前髪ありのツインテールの毛束にくびれを作って、リズミカルなスタイルに。弾むようなフォルムとクルンと巻いた毛先が音符や音楽記号を連想させる!?

後ろのスカートは3色のピンクを使用

後ろ側にしっぽのように垂れ下がったドレス生地は微妙に色が異なる3色のピンク。マシェリは逆三角シルエットだが、アムールは直線になっている。

初めはインカムをつける予定だった

アイドル設定だったので、片側にインカムをつける案も。その際はイヤーフックをつけようと思っていたが、子どもが引っ掛けるとの懸念から取りやめに。

共通モチーフはリボン！あしらいで差別化

裾に縁取りがされたティアードスカートや、ウエストまわりのデザインはアムールと共通。マシェリはパフスリーブや大きなリボンで可愛らしさを強調。

ブーツは厚底でロリータ風に

ボリュームヘア＆デコラティブなドレスを受け止めるには、足元にも厚底ボリュームが必要。マシェリは白のニーハイソックスとの重ね技でおしゃれに。

Side Back

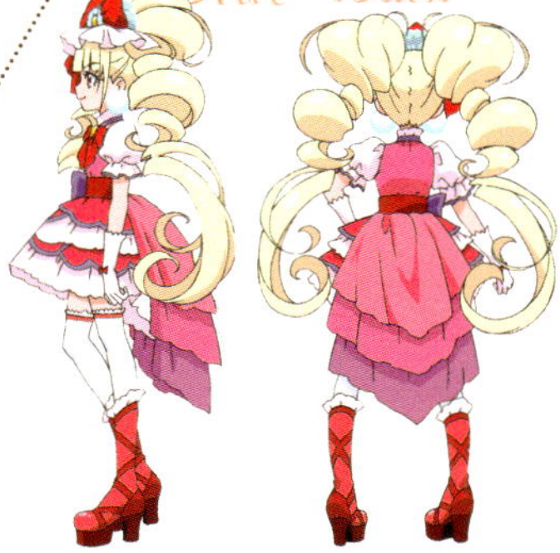

CV. 田村奈央さんに聞きました

パワーをもらえるキュアマシェリのコトバ

“ギュイーンとソウルがシャウトするのです”

「ギュイーンとソウルがシャウトするのです」（15話）　ギターをこよなく愛するえみるが言い放った情熱の言葉です。

キュアマシェリのファッションここがスキ！

マシェリとアムールの衣装がおそろいコーデという時点で素敵ですよね。是非アニメの変身バンクを見て確かめて下さいね！

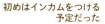

キュアアムール

「フリルがたくさんついたドレス」「頭にお揃いのリボンをつける」というのが最初に決まっていた設定。紫と赤は追加戦士にはおなじみのイメージカラーだが、バイカラー使いやフリルの多用で新鮮な雰囲気に。

Fashion Point

共通の頭のリボンはセンターをずらして

マシェリと共通アイテムのリボンは、真ん中ではなく、鏡に映したときのようにかたむけて、左右対称にした。リボンまでフリルをたっぷりつけて華やかに。

下唇にだけ色をのせたグロス使いで大人に

「職業体験」テーマがあったので、変身後はメイク感も意識。色付きのグロスを下唇だけに塗って、大人っぽさと若々しさを両立させている。

バックデザインは流行の〝くるりんぱ〟

アムールのヘアは、アップにした髪をまとめて結び目に通す、流行の〝くるりんぱ〟ヘアを採用。顔まわりは華やかさを出すためカールを多用。

マシェリと対になるデザイン&配色

ドレスはマシェリ同様、ロリータ感のあるフリル使いが特徴。袖や首元のリボン、ブーツデザインで個性を出している。白のポンポンイヤリングはお揃い。

イヤーフック案は敵キャラで採用！

決定に至らなかった2人のイヤーフック案は、敵だったときのルールーでこっそり復活させている。耳まわりはぶら下がりのイヤリングが多いので新鮮！

Side Back

CV. 田村ゆかりさんに聞きました

パワーをもらえるキュアアムールのコトバ

“あなたを愛し、私を愛する”

「あなたを愛し、私を愛する。」というセリフが一番印象に残っています。他者を愛する時には自分のことも認めてあげなければいけない。とても深いなぁと思いました。

キュアアムールのファッションここがスキ！

ツインラブの時の衣装が一番好きです。フリルがたくさんのミニスカートにオーバーニーソックスがとても可愛いです。

元クライアス社にいたアンドロイドのルールーが変身する、愛のプリキュア。はなたちとのふれあいで心を覚え、えみるから音楽を教わり、次第に普通の女の子のような感情を持つようになった。えみると２人、お互いを想う気持ちが奇跡を起こしてプリキュアに変身。

ミライクリスタル！
ハート、キラっと！
みんな大好き！
愛のプリキュア！
キュアアムール！

Cure Amour

ルールー・アムール

アンドロイド時

元クライアス社・アルバイトのアンドロイド（型番RUR-9500）。頭脳明晰で身体能力が高い。無表情で、無反応、その冷たい態度はアンドロイドならではだったが、はなたちとふれあうことで感情が豊かになっていく。

Special interview 3

鷲尾 天
西尾大介　稲上 晃

プリキュアができるまで

いまや“初代”と言われる「ふたりはプリキュア」を立ち上げた、プロデューサーの鷲尾天さん、シリーズディレクターの西尾大介さん、キャラクターデザインの稲上晃さんに、制作秘話を聞きました！

――「ふたりはプリキュア」の立ち上げの話からお聞かせください。

鷲尾天さん（以下敬称略）　最初に企画提案したのが２００３年６月の下旬くらいです。『明日のナージャ』の次の番組をどうするか、みたいな話があり、私とあともう２人くらいが企画を出して。実は私の案はボツになり、別の人の案でやってくださいと言われて。最終的に担当が自分になったので、自分の案にしますと言いました（笑）。

西尾大介さん（以下敬称略）　この方向でやってくれ、みたいな話になったのは、７月くらい？　キャラクターオーディションへの参加をお願いしたのはその後でしたっけね。

稲上晃さん（以下敬称略）　お盆前に話をもらって、お盆休みを返上して描くみたいな感じでした。２００３年８月17日に提出して、25日にお返事をいただいたと思います。

鷲尾　西尾さんと話して、稲上さんのキャラでいきましょうとなりました。ちなみにその頃、西尾さんは『エアマスター』の最終回をやってましたよ。

西尾　そんな状態でよく番組立ち上がったよね（笑）。まあ、シリーズをやってる最中に次の話がくるのは別に普通のことなので、鷲尾くんから話をもらったときはやろうかなと。ただ、スケジュールがタイトでしたね。ただでさえ仕事遅いのに……（笑）。

――鷲尾さんが西尾さんにシリーズディレクターをお願いしようと決めたのは、いつ頃でしたか？

鷲尾　この話がきた瞬間に決めてましたね。この仕事が終わったら企画部から別の部署に異動するかもと思ってたので。だから最後に西尾さんと仕事して、好きなことをやっちゃおうかなぐらいの気持ちでしたね。『金田一少年の事件簿』で一緒に仕事をしたとき、本当に恩義を感じたんですよ。僕はまったく違う畑から、アニメ業界に来たじゃないですか。何をやってるんだか全然わからないまま『金田一』の担当になって途方に暮れてたら、シリーズディレクターだった西尾さんが「警察が現場を保全するために張る非常線って、どうやっているのかな？」って話しだしたんです。前職で警察担当の記者もやったことがあったんで説明したら、「その話もっと聞かせて」って言ってくれたのをよく覚えていて。この会社で少しやることあるかも！って思ったんです。

――そのおふたりが「プリキュア」で一緒にやることになり、オーディションを８月にやって、稲上さんに決めた理由は何でしょう。

西尾　稲上くんの絵にすごい透明感を感じたっていうか。だって自分たちだってこれからどうしていいかわからない。先入観がなく見ることができたのが、稲上くんの絵でした。

鷲尾　私は雰囲気でした。あと楽しそうな感じがありました。

稲上　たしかに、オーディションのときは楽しんで描いたから。そのあとは……つらかったんで（笑）。

鷲尾　腰は痛めちゃいますしね。

稲上　とにかくスタートは自分の絵で自由に描いてくださいって話でした。打ち合わせ前なので、ほのかの方が背が高いとか具体的なイメージはまだもらってなくて。合格後にプロットとかいろんな企画案とか、バンダイさんの資料とか見せてもらいました。

――そのときには「ふたり」ってことは決まっているんですよね？

鷲尾　最初からふたりにはしたかったっていうのはありますね。

稲上　色も決まっていて、黒と白でした。ただタイトルは「プリキュア」ではなく、「ブラックハート」っていうタイトルイメージだったんです。

鷲尾　色はバンダイさんからの提案です。最初はゴスロリの魔法ものみたいなイメージがあって、黒にチャレンジしてみたいってことはわかって。ただ、主役がクールビューティのイメージできていて、ちょっと違和感があったんですよ。これは西尾さんと話してからなんですけど、黒が真ん中なのは全然いいんだけど、真ん中である以上は元気がよくて、勢いある方がいいよねって話になって、なぎさの方向性になったという。

西尾　まあ、ゴスロリ自体が流行ってたし、低年齢の人たちが見てもシニカルに笑えるような、ちょっとブラックユーモア的なものもいくつかあったので、多分それを合体したようなイメージだったんじゃないかな。

——主人公を中学生にした理由は何かありますか？

鷲尾　対象年齢が4〜6歳、まあ7〜9歳まで見るって考えたときに、あんまり年齢を上に設定すると、ちょっとかけ離れちゃう。でもだからといって年の近い小学校の高学年くらいだと、どっちかというと身近すぎてちょっとおっかない対象になるじゃないですか。もうちょっと離れたくらいで、憧れの対象になるのは中学生くらいなのかなって。ざっと推測してそのくらいにしたんですよ。

西尾　最初に話を聞いた7、8月ぐらいに話題として出てたのは、対象はニチアサ（日曜日朝8時30分）の番組枠なので女児なんです、と。だから実際に見てる子たちが少し背伸びをするような年代にしようっていうのは最初からあって。それで、いちばんちょうどいいかなっていうのが14歳。中学2年生っていう設定はなんとなく、そうなっていった気がする。

鷲尾　中3は高校受験があって、中1だと幼すぎるんじゃないかって。

西尾　実際難しいんだよね、あれ。高校生にしちゃうと今度はまた……それどころじゃないだろうって。

——主題歌もいつも印象的です。

西尾　エンディングの歌もそうなんだけど、そんなに大きく、こまかーく打ち合わせしたわけではないんですよね。そもそも、こっちだってストーリーもまだ決まってないし（笑）。青木（久美子）さんが世界観そのままの歌詞をよく書いたなあ、と思います。

鷲尾　エンディングはほぼ修正なしに近かったでしたよね。

西尾　「Max Heart」の前期エンディングでも、「ムリムリ?! ありあり!! INじゃぁな〜い?! オッケー」! オッケーなんだ!! みたいな（笑）。とにかく元気をもらいました。

稲上　製作状況がいつもそんな感じだったから……ほんとに「ありえない！」とか（笑）。

——コスチュームはどう決めていったんですか？

稲上　本格的なデザインの作業に入り、バンダイさんとのやりとりをしながらいろんな提案が出てきた感じで。

西尾　稲上くんに描いてもらう前なんだけど、ブラックはボディスーツ、ホワイトはワンピース風の、アクションもできるような衣装を出してたんだよね。いま見てもわかるけど、ブラックの方はやっぱりボディスーツですよ。ブラックの上半身のパーツって、本編で使ってるキャラクターデザインの方がボレロに近い。僕らの利点がなにかと言うと、最初に「なにがやりたい」ってなかったところ。まず「どうしよう」から始まってるから、やりたいことがあって頑なに意見が対立していたわけじゃなく、やりたくないことは決まってる。

鷲尾　西尾さんと稲上さんの方から足元をちょっと大きくしたいってことがあったんで、そうしたいですって伝えたら、その資料を出してくれたような気がします。

西尾　例えばシルエット的にパンプスみたいに細くなっていく方向じゃないんだろうなって。だから僕は基本的にブーツを履かせたかった。だけどそのブーツがむき出しより何かアクセサリーで隠せるものない？って探してるときに、レッグウォーマーやブーツカバーみたいなものを提案されたかな。

稲上　あと、やっぱり素手でアクションしたりするので、ガードするポーズも入るから、そういうときにフィットするようなシルエットとかデザインもいろいろ考えました。

西尾　邪魔になっちゃまずいしね。末端のパーツにボリューム感がないと動いている感じが出ないから、そこらへんが難しいよね。

稲上　ホワイトもブラックも肩のボリュームを出して、布なんだけどちょっとアーマーっぽいっていうか。

鷲尾　それは意識してもらいましたね。肩とか覆いたいって西尾さんから話が出てましたよね。

西尾　僕は最初からアーマーのつもりだもん。

――それはアクションだからですか？

西尾　そう。最初にアクション向けに作らないと、キャラクターたちの動きがおかしくなる。しかも女の子たちが活躍するので、余計なことを考えさせるのは良くないかなって。

稲上　ブラックのベルトも片側が下がってるんですけど、それは西部劇風のガンベルト型っていうイメージ。

鷲尾　膝、肘、手首、肩と、関節は全部覆ってますよね。だからショートブーツでもないし。それを上手く融合させて、可愛らしいデザインっていうリクエストと折り合いをつけるってことはやってましたね。

西尾　対象にしてる子たちが、憧れたり、かっこいいと思ったり、感情移入しやすいっていうコンセプトで考えると、余計なものは着せたくないし、目的にあった機能のものにしたい。だから媚びてるわけではないってことは明確に宣言しないといけないので、それでボディスーツです。

稲上　変身用のコスチュームを作るときに一つ西尾さんから言われたのが、首輪っぽいファッションは拘束的な感じがするのでやめてくれ、と。

西尾　チョーカーが好きな女性もいるけど、ゴスロリも含めゴシックホラー的に女性に着せたいデザインの中の最高峰でもあって、ちょっと象徴的すぎる。鍵とかつけたり……。そういう方向性は避けたかったし……。

稲上　だから首元はブラックでいうとタートルネックっぽくしています。

――キャラの髪型などは何かを参考にされていたんですか？

稲上　ティーンのファッション誌をたくさん見てました。

鷲尾　そもそも当時は、いまみたいにネットで検索して画像が並ぶみたいな時代じゃないから。ファッション雑誌を隅々まで見てスクラップしたり、ストックするみたいなことをやらなきゃいけなかったんですよね。

稲上　そうですね。結構ヘアスタイルとかはそれらを見てイメージしました。変身後の設定がだいぶ固まった頃から変身前の制服とかもやりだして。

鷲尾　変身後が固まるまで、まるまる1か月くらいですかね。毎日やりとりして、これにかかりっきりです。

――コスチュームが決まったのはいつ頃なんですか？

鷲尾　本当はうんと早くしてって言われてたけど。結局、清書してもらったのは9月、10月くらいですか？

稲上　たしかそんな感じですね。

鷲尾　今のスケジュール感だと多分信じられないような遅さですよ……。

稲上　決まらないとスチールとかポスターが描けないし……。

鷲尾　商品パッケージの方もずいぶん催促されてたんですよ。でも当時は商品が全然なくて。最初に出た商品って、2つか3つで、変身アイテム「カードコミューン」と「手帳」「お着替え」だったかな。

西尾　まず何に間に合わせるかというと、放映じゃなくてパッケージだもんね。パッケージには絵が必要だから、その逆算で決めるっていう。先に出てくるのはそれだし、玩具にも声を入れなきゃいけないから声優さんも決める。それから、12月頭にはPR映像を出さなきゃならないんです。ティザーだとしても、そこにはコスチュームなり何なり入れないといけないから、キャラクターも完成させなきゃいけない。

稲上　西尾さん、たしか、10分くらいで絵コンテ描いたんじゃないですかね……。

鷲尾　「映像間に合いませんよ！」っ

稲上さんによるオーディション時の変身後のイラスト。

稲上さんによるオーディション時の変身前のイラスト。

て言ったら、「じゃあこんな感じかな」ってメモ用紙に描きだして。

西尾　稲上くんと原画マン、鷲尾くんたちの目の前でね。それが後の「一難去ってまた一難」のあのカットと「ビルの回り込み」です。取り急ぎだったからミーティング中のメモ用紙をひっくり返して裏に描いちゃった……(笑)。

――2年目「ふたりはプリキュアMax Heart」になると、ブラックとホワイトのコスチュームが少し変わりました。

稲上　ふたりに関してはマイナーチェンジ的な感じでフリルとかラインを増やすのと、ちょっとパワーアップした感を出しました。

西尾　稲上くんがアレンジするとアクションスーツになる。そこを守れば、変な方向にはいかないので。

稲上　ブラックのフリル2段も気にならない感じに。ただ描くアニメーターさんからは、線が増えたって怒られることはありました……。そしておへそは隠すことになりました。

鷲尾　「ふたりは～」の放送当時、子どもたちがコスチュームを着る、つまりブラックのコスチュームが世の中に大量に出回るということを想定してなかったんですけど、実際には着たいという女の子たちがいっぱいいたんです。ブラックってへそ出しだったんで、実際に子どもが着たら親御さんが心配して……。

稲上　ポイントだったんですが、お腹を冷やすからって(笑)。あとブラックは、1作目よりボレロ感があると思うんですけど、お腹まわりはボディスーツっぽいスパッツと同じような素材にして、上着に赤を取り入れた感じです。まぁスポーツウエア的な配色もちょっとあるかもしれないですね。ホワイトはバレリーナっぽい感じですかね。

鷲尾　どっちにしろ体を動かすことはできるからスカートを二重にしたんですよ。カバーもつけたんですよね。

――シャイニールミナス、九条ひかりはどうでした?

西尾　僕らのイメージの中では最初からキンキンに光ってる感じです。金色にピカーッと光ってる感じ。

稲上　ルミナスのコンセプトはクイーンのイメージを入れるってことでした。だから髪の毛はクイーンっぽくフワッとさせて。おでこは体操選手みたいにピシッと出して清潔感やすっきり感を出すとか。コスチュームで提案があったのはAラインにしてほしい、ということでしたので、それを取り入れて。クイーンの体にまとっている金色のリボンの帯みたいなのは、あとでつけました。

鷲尾　2年目については比較的こちら側から提案したこと、特にひかりについては、こういう方向でいきたいんだって意見を尊重してもらった感じはありますね。髪型、前髪の感じとか、目の雰囲気。変身前のひっつめた感じとかですね。

稲上　最初にルミナスを作ってから、変身前のひかりにいくんですけど、最初はなかなか髪型が決まらなくて。「髪留めはつける」っていうのはイメージにあったんですけど、変身後との差をつけたくて、編み方の感じとかはいろんな人に協力していただきました。西尾さんにもいっぱい描いてもらったりしましたね。

西尾　そうそう。アフレコに絵を描きに行ってたもんね。ゆかなさんと池澤春菜さんが髪の毛が長いから、

打ち合わせを重ね続けて完成間近のキュアブラック。

ほぼ最終段階のキュアホワイト。ここからさらにブラッシュアップして決定。

右の表情の雰囲気・構図は生かしつつスチールに。しっとり静かな感じ。

髪型やホワイトの眉・リボンなどがまだ固まる前のラフスケッチ。

休憩のたびに髪を結ってもらったんですよ。あとは喫茶店に髪をひっつめた感じが近い人がいて、その人をずーっと描いてたり……。

稲上　あとアフレコのときに声優さんにAラインの服を着て来ていただいたので、「皺の入り方とかスカートのふわっとした感じとかよく見て」って、西尾さんに指導してもらって。

西尾　そんな偉そうなこと……多分言わないから（笑）。

稲上　後輩の女性アニメーターにこの髪型にしてもらってデッサンしたりもしました。それでもしっくりくるまで描き続けて。「意識をする」ってことが大事なんだと、あらためて西尾さんから勉強させてもらいました。

西尾　生まれて初めてほめられちゃった（笑）。

鷲尾　あちこちでほめてます！（笑）

稲上　ひかりの私服に関しては、ふたりと違う、ちょっとふわっ……とした感じをイメージしています。デニムのジーンズの上にレイヤー的なスカートとか。全体にピタッとした服装じゃなくてゆったりした感じで、フェミニンな。透明感とか、ちょっと不思議な感じもする雰囲気をそこはかとなく出したいと思ったんです。

西尾　ルミナスについては、「ふたり以外はプリキュアじゃない」っていう明確なコンセプトがあったから。Aラインにした服装も踏まえて、要するにふたりと被らないものにする。プリキュアじゃないっていうのがいちばん大きなテーマだったんで、彼女らの妹分的な存在なんだけど、決して彼女らの前に出るようなキャラクター性ではない。その代わりその本質は、存在感として後ろにデーン！と控えているクイーンのようなもの。だからひかりは、絶対ふたりの前に置かなかった。シリーズが新しくなると、普通は主人公の前に新しい主人公を置くじゃない。当然、目立たないからね。頑なだったかもしれないけどその代わり、髪型とか目立って大きいわけ。

――そもそも「プリキュア」は「pretty」と「cure」の造語ですが、これはいつ頃に決まったのですか？

鷲尾　キャラよりずいぶんあとです。

西尾　撮影しなきゃいけないっていう直前まで、ですかね。

鷲尾　タイトルロゴの締め切りがもう来週です！って状況で、いろんなやつ出したんだけど、どれも商標でひっかかっちゃったんですよ。「スイートバディ」も「マーブルなんとか」っていうのもダメだったし。全然ダメだから、やっぱもう造語にしましょうっていって、「プリキュア」になったんじゃないかな。100語以上はみんなで出し合いましたね。

西尾　ただ不思議なもんで、いっぱ

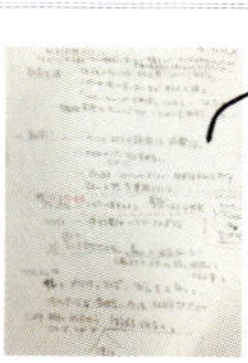

稲上さんは西尾さん・鷲尾さんとの打ち合わせ時に話し合ったことをメモにまとめていた。ここから「ふたりはプリキュア」の方向性が読み取れる。

制作時に大切にしていたこと

- キャラに合わせた立ち居振る舞い
- 女の子たちの立ちポーズなどでは、「あざとさ」はなくす(内またポーズとか、、、)
- 日常生活では、それぞれのキャラクター性を出していってあげる。
- 小物や服の着こなしなどをきちんと描く。
- 戦うシーンでは、決して相手の頭部は攻撃しない。スカート感を重視する、中は見せない。
- 戦っているときの表情　ブラックは、スポーツ選手のよう。ホワイトは、体操選手やバレリーナのよう。
- 決して後ろ向きではない、前へと出るイメージ
- アクションは、キレとメリハリ、テンポ、リズムを大切に。
- 決めポーズは相手に立ち向かうポーズで、決して棒立ちではない。

い出した中で、出してる最中はどれもこれもこう……今ひとつだなって。だからどれでもないんだけど、そんな中で妥協して「もうこれだよ、これにしようよ」って決めちゃうと、もうそれになっちゃう。じゃあ今までのやつ全部ボツにして、やっぱり別の言葉を考えなきゃいけないなって……。その気持ちで今度は前に出たものを見返すと、実はヒントがあったりする。「マックスハート」もそうなんだけど、「プリティ」と「キュア」別々で多分キーワードがあったんだよね。それで「もうダメだ！　おしまいだ！」って追い詰められたときに……！

――なんか常にギリギリとかおしまいだとか言っている気が（笑）。

西尾　キーワードの「プリティ」ってやつと「キュア」っていうのをくっつけて造語にしちゃえって思えば何となくハマった！　って感じになったような……。やっぱり一度全部捨てないとそういうことが浮かぶような気にならない。「マックス」も「ハート」も同じようにキーワードで候補があったんだけど、それを単独で見ている間はどうもしっくりいかない。でもほんとに余裕がなくなって改めて見直したときに「マックス」と「ハート」をくっつけちゃえば、「いっぱいいっぱい」じゃん！　ああ、それかって！（手をポンと打つ）

鷲尾　ふたりで「あ！　それだ！」って言った記憶があるんですよ。

稲上　僕はただひたすら絵を描いていて、そっちで「いっぱいいっぱい」でした（笑）。

西尾　崖っぷち感がよく出ている、とってもいいタイトルですよね（笑）。

――取材も時間いっぱいいっぱいです（笑）。「ふたりはプリキュア」から15年経ってのお気持ちは？

鷲尾　仕掛けといてなんですけど感無量ですよね。本当にこんなことになったんだっていう気持ちは大きいですよね。15周年を記念して各ターミナル駅に貼ったポスターとかに立ち止まってくれる人を見ると、この人たち小さい頃見てたのかなとか、思わず声かけたくなる（笑）。

稲上　男女のカップルが「懐かしい～！」とか言ってて、男の子の方も「おー!!」って反応してて。ああ、見てくれてたんだなあって思って、とても嬉しかったです。

西尾　15周年のプロモーション映像のスタッフにもすごくよくしてもらいました。参加したスタッフが、小さい頃から見ていたって人も多くて。あの当時子どもだった人が成人して社会に出て、いま苦労しているんだというのを前提に映像を作ったので、共感しやすかったと思います。とにかく「ふたりはプリキュア」の世界観をとっても大事にしてくれていて、とても励みになりました。

鷲尾　あのプロモーションビデオは西尾さんが立ち会ってくれてたんで。テイストがきちんと守られてるから、ものすごく安心して見ていられたし、いいなって思いました。そういうことができるような状況にまでなったってことが本当に嬉しいですよね。

「ふたりはプリキュア」の好調を受けて、2作目「ふたりはプリキュア Max Heart」が作られることになる。真ん中は新しい登場人物のシャイニールミナスで、イメージは光の国のクイーンのゴールドだった。

Profile

鷲尾 天
（わしお たかし）

1965年、秋田県出身。秋田朝日放送の記者などを経て、1998年に東映アニメーションに入社。『金田一少年の事件簿SP』や『キン肉マンⅡ世』などを担当した後、『ふたりはプリキュア』を立ち上げる。2008年『Yes！プリキュア5 Go Go！』までプロデュースを務め、映画『プリキュアオールスターズDX1～3』も担当。現在は執行役員・第一映像企画部長。

西尾大介
（にしお だいすけ）

1959年、広島県出身。1981年に東映動画（現・東映アニメーション）第1期研修生として入社。『Dr.スランプ アラレちゃん』で演出家としてデビュー。『ドラゴンボール』『ドラゴンボールZ』『蒼き伝説シュート！』『ゲゲゲの鬼太郎（第4期）』『金田一少年の事件簿』『ロボディーズー風雲篇ー』などのシリーズディレクターを務め『ふたりはプリキュア』『ふたりはプリキュア Max Heart』の2作を担当。現在フリー。

稲上 晃
（いながみ あきら）

1963年、大阪府出身。1986年に東映動画第2期研修生として入社。映画『聖闘士星矢 邪神エリス』で初めて原画を手がける。OVA『峠についた赤い郵便受け』（1990年）で初キャラクターデザイン、その後『夢のクレヨン王国』『ふたりはプリキュア』『ふたりはプリキュア Max Heart』『ふたりはプリキュア Splash☆Star』『ねぎぼうずのあさたろう』などを担当。

Special interview 4

プリキュア玩具開発担当

バンダイ

歴代玩具開発担当者インタビュー

プリチュームやカードコミューンの誕生秘話をはじめ、"着るプリキュア""遊ぶプリキュア"ができるまでのお話を4人の歴代玩具開発担当者にうかがいました！

Profile

浦辺紀子／『ふたりはプリキュア』ではすべての玩具開発を1人で担当し、大ヒットに導いたレジェンド。橋本佳代子／『Yes！プリキュア5』以降3シリーズ、『Go！プリンセスプリキュア』～現シリーズで玩具開発を担当。福岡麗南／『フレッシュプリキュア！』以降7シリーズの玩具開発を担当。岡田千明／『Go！プリンセスプリキュア』～現シリーズで玩具開発を担当。

――『ふたりはプリキュア』のコスチュームはどのように誕生したのですか?

浦辺紀子さん（以下敬称略） まずキュアブラックについては、黒のコスチュームの人気キャラクターを作りたいということで、東映アニメーションさんとご相談を重ねて形にしました。当時子どもたちに流行していた洋服ブランドでも、真っ黒のワンピースは人気がなかったのですが、フリルをつけたら好きになってもらえるのでは? というアイデアから、実際にピンクのフリル生地を買ってきて黒いワンピースに縫いつけてみました。そうしたら子どもからの評判がよいことがわかり、これでいこう！ と。スポーティーになりすぎないようにハートをたくさん配置して、かわいらしさがでるようこだわりました。キュアホワイトのコスチュームは、"黒"の反対色であり人気色の"白"になりました。白は前年まで放送していた『おジャ魔女どれみドッカ～ン』で白い服を着ていたハナちゃんの人気が高く、イメージがよかったですね。デザインや色味の判断に迷ったときは、当時人気だったアイドルの衣装を参考にすることもありました。足元はブーツカバーが特徴で、子どもたちが自分の靴を履いていてもブーツカバーをすれば足元までプリキュアになりきれる！ との考えでつけたと記憶しています。

――当時はカードを使うおもちゃは男児向けがほとんどでしたが、カードコミューンを作ろうと考えたのはなぜですか?

浦辺 当時主流だった2つ折りの携帯電話をパカパカと開け閉めするのを子どもたちにやってもらいたかったんです。その前々年くらいに、カードで変身する『仮面ライダー龍騎』が男の子に人気だったので、女の子向けのカード商品を作りたいと思っていました。カードに正位置・逆位置を作って5枚で10種類の読み込みができるようにしたのは、カードの設定としてタロットカードの要素が組み込めないか検討していた名残ですね。自分だけの秘密の大切なペットでありパートナーの妖精は、常に一緒にいてお世話をしてあげたい。そのあたりは自分が子どもの頃に好きだったものを実現した形です。お世話遊びの仕組みを考えていく中で、妖精の顔をプレートでつけることになりました。プレートをつけ替えることで2匹のお世話ができるようにしたんです。2匹の妖精のセリフを液晶画面でもわかりやすく区別するために語尾に「メポ」や「ミポ」をつけました。当時流行っていた『とっとこハム太郎』から影響を受けた部分もあります。

――その後プリキュアシリーズは15年続いていますが、玩具開発の際に重要なことはなんでしょう?

福岡麗南さん（以下敬称略） 世の中の動向をおもちゃに落とし込むことが必要なので、徹底的に流行の調査をしています。各世代のファッション誌を読んで研究したり、いろいろな場所に出かけたりしてインプットしたものをもとに、商品化に役立てていきます。自分自身が商品をかわいいと思えて、かつ流行をうまく取り入れることができたものは発売後の反応がいいなと感じます。

――プリチュームはどのように商品化しているのですか?

橋本佳代子さん（以下敬称略） キャラクター設定を具現化し、かわいいものにするにはどんな手法がとれるかを考えます。例えば、キュアレモネードのふわふわとしたミニスカート（写真1）を作るのに、当時の流行だったバルーンスカートが使える

キャラリートキッズ
キュアレモネード
（『Yes！プリキュア5』）
写真1

変身プリチューム
キュアフェリーチェ
（『魔法つかいプリキュア！』）
写真2

▲バルーンスカートでボリューム感を再現した。▶まさにプリキュアになりきれる衣装の主役はバルーンスカート。

かもしれない、と試作したところ、うまくボリュームがでて、きれいな形に仕上がったんです。その後プリチュームでバルーンスカートを用いる手法が定番化しました。その後さらに花を組み合わせたバルーンスカートのデザインをご相談した例がキュアフェリーチェ（写真2）です。子どもが好きな花のデザインで、さらにプリキュアが着ているということで、非常に人気が高かったです。

福岡　プリチュームの素材と色は、洋服としてのバランスを重視して、布と布を合わせたときにどう見えるかで決定していきます。一番輝いてきれいに見えるのが光沢のあるサテン生地ですね。そこからキャラクター設定に近い色を選んだり、染めてもらったりしています。試作品ができたら、実際にお子さんに着てもらって調整します。サイズや下着が見えないかなどを確認し、設定をもとに半年くらいで商品にしていきます。

——商品を作るにあたって、東映アニメーションさんとはどのようなやりとりがあるのでしょうか？

浦辺　初代の立ち上げのときは、プリキュアの玩具担当は私1人でした。「明日大丈夫ですか？」などとその都度お互い連絡を取り、話し合って進めていきました。急遽集まることもよくありましたし、とにかくプロデューサーさんとは毎日電話していました。コスチュームのデザインなど、いただいたものに私から玩具化するときのポイントを書き加えさせてもらって、また送って……と、FAXでのやりとりも多くしていましたね。

岡田千明さん（以下敬称略）　今も対面してのやりとりは多いですね。プロデューサーさんとお話しした内容を持ち帰って、玩具にする場合の企画をブラッシュアップします。それを再度、ご監修いただくということを繰り返しています。プリチュームに関しては、生地のサンプルなどは弊社に多くありますし、子ども向けに開発しているので、設定にはないアレンジを加えて商品化する部分もでてきます。

橋本　変身アイテムはアニメと厳密にそろえる必要がありますが、プリチュームは子どもの着やすさなどを優先して、お任せいただける部分も多いかなと思います。今はプリキュア玩具の企画担当は9人に増え、弊社の一大プロジェクトになっています。

——プリチュームを作るにあたって、ゆずれないことや大事にしていることを教えてください。

福岡　子どもたちが着たときに、「自分が一番かわいい！」と思えるように、子どもに合ったバランスや装飾の配置にこだわっていますね。きちんとプリキュアになりきれる、ということを大切に製作しています。

橋本　子どもたちが着たいと思えるようにするために、トレンドの把握は重要で、プロデューサーさんと今のトレンドや流行について意見交換することもあります。子どもが喜ぶことを優先して作っているのがプリキュアのよいところだと思います。

——プリキュアの現場で働く、また、働いた大人として、大切にしていること、後輩に大切にしてほしいことを教えてください。

岡田　仕事にいかに思い入れをもって向き合うかということが大切で、それがだんだん自分の自信につながっていくのだと思います。私自身も、もっともっとがんばっていきたいです。

福岡　自分が納得できるものを追求する姿勢が重要だと思います。周囲を気にして人に合わせすぎると、自分がわからなくなりますよね。自分主体で、自分のやりたいことと向き合っていくといいのかなと思います。

橋本　「好き」を大事にするといいと思いますね。自分がどれだけ一生懸命になれるかは、「好き」が原動力だと思うので。仕事を選ぶときもそうですし、仕事をしていく中でも好きなことを伸ばしていく意識が大切だと思います。

浦辺　「一生懸命」やることが大事だと思います。一生懸命な人のことは誰も否定できないし、周囲から応援してもらえます。失敗を過剰に怖がらず、夢中になるくらい一生懸命がんばってほしいですね。

Special interview 5

漫画家

上北ふたご インタビュー

プリキュア全シリーズのコミカライズを担当し、美麗なイラスト、漫画オリジナルのストーリーや可愛い私服などが大人気の上北ふたごさんに、プリキュアを描くことの魅力について伺いました！

Profile

かみきた　ふたご／高知県出身。名前のとおり、ふたご（2人）で活動中。『タイムボカンシリーズ』などのキャラクターデザインを経て、月刊誌「なかよし」で『よばれてとびでて！アクビちゃん』のコミカライズを担当以降、プリキュア全シリーズのコミカライズを連載中。

――先生のお描きになっている漫画や、テレビ放送、映画など、様々なプリキュアがありますが、漫画プリキュアの役割は？

上北ふたごさん（以下敬称略）　漫画という媒体は、映像製作に比べて少人数・短時間・低予算の製作費で仕上げることができます。「プリキュアのお話をもっと見たい」と欲するかたに、手っ取り早く提供することができると思います。

――近年の連載では日常シーンのオリジナルストーリーが主ですが、内容はどのように決めていらっしゃいますか？

上北　シナリオを読んで、キャラクター描写でおもしろいと感じた言動やエピソードを拾い、そこから膨らませてお話を作っています。この子だったらどんな悩みや事件が起こるだろうとか、この子とこの子の関係性が深まるとすれば何がきっかけになるだろうか……などと考えてみます。質問やプロット、ネームのチェックは、担当編集さんを通じて東映アニメーションのプロデューサーさんからご回答をいただきます。

――プリキュアの服を描くときに、大切にしている点、楽しい点、また、大変な点をお聞かせください。

上北　可愛さだけではないカッコよさや、凛とした信念が表れるような作画になるように気をつけているつもりです。シリーズごとにデザイナーさんの特色があり、作品のテーマやキャラクター個々に割り当てられたモチーフなどもデザインに反映されていますので、すごく勉強になって楽しいですね。私服（日常）とプリキュア服（非日常）のコントラストやギャップもおもしろいです。私服にもモチーフや個性がちりばめられていますし、服に対する個々の思想がダイレクトに出ていると考えられますので、キャラクターを知るうえで興味深いところです。生活感やオシャレに対するスタンスの違いなど、オリジナル私服を着せる際の参考にします。描くのに苦労するのは線が多かったり造形が複雑だったりする場合です。三面図だけで理解できないと、フィギュアで造形を確認することもあります。アニメーターさんは、これらを動かすのですから本当に敬服してやみません！

――キャラクターの服装のうち、設定にない私服はどのように決めていらっしゃいますか？

上北　オリジナル私服を制作する場合は、東映アニメーションさんへのネーム提出の際に「今回はこんな服を着せます」とラフ画を添えます。参考にするのはティーン向けファッション雑誌で、プリキュア作品にふさわしい服になるようアレンジします。黒一色の漫画原稿でも映えるように色のコーディネートも必要です。尖りすぎず、さりげないオシャレ感が出るような私服を考えるのは楽しいです。『Ｙｅｓ！プリキュア5』『Ｇｏ！プリンセスプリキュア』では、たくさん私服を制作しました。センスのいい人が着るとTシャツとデニムだけでもオシャレになるように、絵も描き方によってはオシャレにできたり野暮ったくもなります。アニメ業界に入った当初に塗り絵や着せ替えの版権仕事をした際、オシャレに見えるように描くことのむずかしさを痛感し、いろいろ模索しました。

――今までの15シリーズを描かれていて、コスチュームの面で思い出深いシリーズやキャラクターはありますか？

上北　なんといっても、初代プリキュアはインパクトがありました！アームカバー・ブーツカバーが可愛かったですし、手の甲のクッションなどにはキャラクターへの思いやりも感じました。敵幹部も、稲上晃氏のデザインのユニークな発想とインパクトに唸らされてばかりでした！ほかにも、美翔舞のパンツスタイルにも意表を突かれました。戸外でスケッチするのが趣味なので、スカートよりも活動的なパンツのほうが理

それぞれの個性が感じられるサンタコスチューム。『Go！プリンセスプリキュア』。

にかなっていると納得し、キャラクターの言動をふまえた私服デザインに感服しました。敵幹部・イースは、とにかくカッコよかったです！　北条響と南野奏の主役2人が、共にロングヘアーなのも好印象でした。キュアミラクルの可愛さにも、本当にびっくりしました！　髪型からコスチュームに至るまでパーツのひとつひとつが可愛いですし、全体のバランスも超絶品!!『フレッシュプリキュア！』のコスチュームもそうでしたけど、ハイウエストの切り替えとか、スカートのデザインにふんわりと上むきのパーツが組み込まれていると、プリキュアショーの着ぐるみでも脚が長く見えるので、コスチュームデザインもノウハウが必要なのですね。『魔法つかいプリキュア！』のアレキサンドライトスタイルで帽子をかぶっているのも可愛かったです！『キラキラ☆プリキュアアラモード』のデザインもスゴイなと感じました！　まず全員に耳と尻尾が付いているのが斬新でインパクト大！　そして特にキュアショコラのトロトロチョコが載っている細いシルクハットのデザインには、おおいに魅了されました！

――15年つづくプリキュアシリーズ、その魅力の秘密は何でしょうか？

上北　やはり変身ヒロインというのが、強いのではないでしょうか。変身して自分を超越した能力を得ることは、多くの人にとっての願望です。そして、毎年リニューアルして鮮度を保っているのも飽きさせませんね。あと、私たちが個人的に魅力と感じている部分は、運命共同体のようなチームの中で育まれる〝濃い友情〟です。主人公の年齢を13歳〜14歳に設定しているのも絶妙で、この多感な時期に共に過ごした仲間・友だち・思い出というのは、かけがえのない宝物となることが多いです。その鉄板ポイントを中心に描いているからこそ共感を得て長寿シリーズとなったと思っています。

――女の子にとって「変身すること」とはどんな意味があるでしょうか？

上北　美に対する意味合いが大きいですけど、自分自身のために外見だけでなく内面も磨く女子も少なくないと思います。変身し堂々として輝いている自分でいることが、何よりも心の充実に繋がるのです。強さと可愛さを兼ね備えたコスチュームを身にまとい、大切なものを守るために悪に対して毅然と立ち向かうプリキュアの変身に、女の子は勇気をもらっているのではないでしょうか。

――今後、プリキュアの新シリーズが続くとして、描いてみたいシーンや服装などはありますか？

上北　プロヴァンスのような……のどかでオシャレな田舎町で、乗馬をしたり恋をしたり……。そんなシーンで乗馬服をカッコよくエレガントに着せてみたいですね。

――最後に、これからの社会を生き抜く読者に向けて、楽しく充実した人生を送るためのアドバイスをお願いします。

上北　アドバイスというのも僭越ですけど……。些細なことにも感謝の気持ちを向けてみると、気分がすぅーっと晴れることがあります。熱中できることを見つけたり目標を設定したりすると、生活に張り合いができます。まず大事なのは、自分自身を大切にしてあげることだと思います。そうすれば、自然に人にも優しくなれますし、日々を楽しんで過ごせるのではないでしょうか。

「Yes！プリキュア5」のみんなで、浴衣姿でお出かけ！　上北作品には新年の晴れ着など、和装のプリキュアたちも登場。／『上北ふたご　オールプリキュアイラスト集』第2弾をただいま準備中！　お楽しみに！

Special chronological table

プリキュア×ファッション年表

毎シリーズ生まれ変わるプリキュアの服には、その時代の「可愛さ」が反映されています。ファッション＆ビューティ情報誌「WWDジャパン」編集委員の三浦彰さんに、ファッションの流れとプリキュアの関連性を伺いました。

Profile

三浦彰（みうら あきら）慶應大学経済学部卒業後、野村證券を経て、1982年から「WWDジャパン」に携わり、編集長を経て現在は編集委員。他方、和光大学でファッション経済学を講じている。主著に、「ファッション業界 2008-2009 ニュースの深層！」（INFAS パブリケーションズ）。

──『ふたりはプリキュア』が始まったのは2004年。まずはその頃のファッションについておうかがいします。

三浦彰さん（以下敬称略） 2004年からの数年は、日本だとちょうど海外セレブブームの頃だったかと思います。雑誌「ニキータ」や「グラマラス」などの大人ギャル誌が創刊された頃で、ヒルトン姉妹やヴィクトリア・ベッカム、ペネロペ・クルスなど海外セレブのファッションページが多かったです。ストリートではロリータファッションも増えてきた頃。映画『下妻物語』（'04年）や『NANA』（'05年）が公開されて、「ヴィヴィアン・ウエストウッド」の人気が再燃していましたね。「h.NAOTO」などのブランドを中心に、〝ゴスロリ（※ゴシックとロリータを結びつけた少し毒のある日本独自のファッションスタイル）〟という新たなジャンルも生まれて……海外からも注目を集め、その後、拡大していったかと思います。

──2000年代のプリキュアを見て、感じとれることは？

三浦 そうですね、私が初代プリキュアのビジュアルを見て思い浮かべるのは、ロリータやゴスロリの影響とともに、当時大人気だった安室奈美恵さんと浜崎あゆみさんのイメージ。日焼け派と美白派にも分けられるくらい対照的だけれど、どちらも力強く影響力のある存在でした。ちょうどこの頃は、消費者の価値観や嗜好も細分化し、昔のようにトレンドがひとくくりにできなくなってきた時期でもあるので、白黒のコスチュームの2人には、そんな新しい時代のイメージを込めているのかな、とも感じますね。

プリキュア

黒と白、ゴスロリ、女児向きとしては斬新だったキュアブラックとキュアホワイトの服

ウエストを細く編み上げるコルセット風デザインがかわいい、キュアピーチ

その年のできごと

2004

- 韓流ブーム到来。
- 映画『下妻物語』公開で**ロリータファッション**注目。
- セレブブーム。

2005

- メイド・アキバブーム。「～萌え」が流行語に。
- **ゴシック・ロリータ**人気に。
- 東京ガールズコレクション、スタート。
- 映画『NANA』公開。

原宿中心にロリータファッションが席巻

2006

- 「CanCam」エビちゃんOLブーム
- グラマラス系ギャル人気。（'04年に「NIKITA」、「GLITTER」創刊、'05年に「GLAMOROUS」、「GISELe」創刊）

「h.NAOTO」の2008 S/S collection

2007

- iPhone発売。
- ボーカル音源「初音ミク」発売。
- 嵐、沢尻エリカ人気。
- ◉郵政民営化

2008

- 「H&M」が日本上陸。
- **レディー・ガガ『ザ・フェイム』**が世界的ヒット。
- 森ガール、「小悪魔ageha」（'06年創刊）人気。
- マキシワンピース、グラディエーターサンダル流行。
- ◉リーマンショック

レディー・ガガの斬新なヘアスタイルが話題

2009

- 「草食男子」話題に。
- EXILE人気。
- エコバッグ、サリエルパンツ流行。
- 「イクメン」話題に。
- ◉オバマ政権誕生、民主党政権

p174-175の写真すべて／アフロ

トレンド的なことで言えば、へそ出しファッションは'90年代からの影響も。同じ肌見せのデザインでも、ここ数年のプリキュアのコスチュームにはホルターネックや、オフショルダーが増えていて、トレンドを反映しているのかなと思います。

　2000年代後半は、大胆なヘアスタイルや近未来的な雰囲気に、レディー・ガガの影響もありそう。一方、『フレッシュプリキュア！』ではレースアップのディテールがありますが、この頃は『パイレーツ・オブ・カリビアン』が大ヒット中。コルセット風のデザインも、そんな影響を受けているのかな、と感じます。

――2010年代のファッションシーンはどう変わりますか？

三浦　消費生活的には、2008年のリーマンショックの影響がずっと尾を引き、ファッションは完全に「H&M」や「ZARA」などのファストファッションが主役に。リカルド・ティッシの「ジバンシィ」に代表されるように、ストリートスタイルに影響を受けるデザイナーズブランドも多くなりました。

　日本国内では、AKB48のような大人数のアイドルグループが注目され、制服をアレンジしたような衣装が子どもたちにも大人気になりました。プリキュアのコスチュームも一時期はそんな「制服っぽさ」を取り入れている気がします。

――ファッションアイコン的なことでいうと、2012年にはきゃりーぱみゅぱみゅさんのシングル「つけまつける」が大ヒットしています。

三浦　確かに2010年代は「つけまの時代」でした。髪色にしても衣装にしても、きゃりーぱみゅぱみゅさんは原宿のストリートの自由な発想を、〝カワイイ〟文化として世界に発信する存在として注目されましたね。『Go!プリンセスプリキュア』の前髪メッシュやグラデーションカラーからは、そんな影響も感じますし、『HUGっと!プリキュア』の目元は、まさにつけまつげがインスピレーションの元なんですね。

　2017年には、英国王室のキャサリン妃のクラシックなスタイルもファッション誌を賑わせました。ロングドレスに変身する『Go!プリンセスプリキュア』などを見ても、プリキュアのコスチュームには、流行と女性の好みの普遍性、両方が感じられて面白いですね。

制服を感じさせるネイビーのベストのキュアラブリー

ベアトップ+襟がおしゃれなキュアトゥインクル。ロングドレスも話題に

つけまつげから着想を得たキュアエールの目元のデザイン

2010
- ●**AKB48がブレイク。**
- ●山ガールなどのアウトドアファッション話題。
- ●浅田真央、バンクーバーオリンピック銀メダル獲得。

2011
- ●ファッションブロガーに注目。
- ●チュチュスカート、透けるアイテム流行。
- ◉東日本大震災、福島原発事故

2012
- ●黒縁メガネ、ダンガリーシャツ流行。
- ●'80年代リバイバル話題に。
- ●きゃりーぱみゅぱみゅ、つけまつげブーム。
- ◉東京スカイツリー開業、アベノミクス

2013
- ●朝ドラ『あまちゃん』人気。
- ●花柄パンツ流行。

2014
- ●プレステ4、Xbox発売。
- ●スニーカー、スリッポン、ミモレ丈スカート流行。
- ◉消費税8%

2015
- ●ガウチョパンツ流行。
- ●「おフェロ」メイク話題。
- ◉パリ同時多発テロ

2016
- ●ポケモンGO人気。
- ●平野ノラ、星野源人気。
- ●プリーツスカート流行。

2017
- ●登美丘高校ダンス部バブリーダンス話題。
- ●サッシュベルト、ビッグシルエット流行。

2018
- ●サッカーワールドカップロシア大会開催。
- ●PVCアイテム流行。
- ●ドラマ『おっさんずラブ』人気。
- ●羽生結弦、平昌オリンピックで2大会連続金メダル。

子どもたちに大きな影響を与えたAKB48の制服風ファッション

キャサリン妃のロイヤルファッションが世界中で注目の的に

プリキュア15周年アニバーサリー
プリキュアコスチュームクロニクル

2018年10月31日　第1刷発行　2019年3月1日　第7刷発行

編集／講談社

監修／東映アニメーション株式会社

構成・編集協力／小林美姫　小川聖子　小渕早紀　中村敦子　伊澤瀬菜

デザイン／primary inc.,
Chief Designer　東妻詩織
Designer　佐野まなみ　谷川美波　今井香菜　津嶋亜紀
松尾美恵子　野口なつは　水田菜絵
児島遥子　西方美和　佐々木恵美　仁戸田千秋
増尾和代　平井英子　山口 勉

撮影／恩田亮一（本社写真部）

撮影協力／バンダイ

発行者／渡瀬昌彦
発行所／株式会社講談社
〒112-8001　東京都文京区音羽 2-12-21

電話／出版　03-5395-3490
販売　03-5395-3625
業務　03-5395-3603
印刷所／凸版印刷株式会社
製本所／大口製本印刷株式会社

定価はカバーに表示してあります。

ISBN978-4-06-513506-8　Printed in Japan
N.D.C.778　175 p　21cm

落丁本・乱丁本は、購入書店名を明記のうえ、小社業務あてにお送りください。
送料小社負担にてお取り替えいたします。
なお、内容についてのお問い合わせは、第一出版部たのしい幼稚園編集あてにお願いいたします。

参考文献

『稲上 晃 東映アニメーションワークス』『川村敏江 東映アニメーションプリキュアワークス』『香川 久 東映アニメーションプリキュアワークス』『馬越嘉彦 東映アニメーションワークス』『高橋 晃 東映アニメーションプリキュアワークス』『佐藤雅将 東映アニメーションワークス』『Febri』Vol.30、Vol.36（以上一迅社刊）
『スマイルプリキュア！コンプリートファンブック』『ドキドキ！プリキュア オフィシャルコンプリートブック』『ハピネスチャージプリキュア！ オフィシャルコンプリートブック』（以上学研パブリッシング刊）
『Go！プリンセスプリキュア オフィシャルコンプリートブック』『魔法つかいプリキュア！ オフィシャルコンプリートブック』『キラキラ☆プリキュアアラモード オフィシャルコンプリートブック』（以上学研プラス刊）
『香川 久×馬越嘉彦　バトルヒロイン作画＆デザインテクニック』（玄光社刊）
『プリキュアぴあ』（ぴあ刊）
『月刊アニメージュ』2012年12月号、2017年1月号増刊、2018年1月号増刊、2018年7月号(以上徳間書店刊)
『ふたりはプリキュア　ビジュアルファンブック』Vol.1、Vol.2、『ふたりはプリキュア　マックスハート　ビジュアルファンブック』Vol.1、Vol.2（以上講談社刊）

Precure Costume Chronicle